学級を最高のチームにする極意

自ら向上する子どもを育てる学級づくり

成功する自治的集団へのアプローチ

赤坂 真二 編著

明治図書

まえがき

３月，子どもたちとの別れ。

「いいクラスになった！」

と子どもたちに向かって言ってやりたい，子どもたちを一人一人抱きしめてやりたい，そんな思いで最後の日を迎えます。

「先生，４月からも僕たちの担任になってほしい」

「先生のこと，絶対に忘れない」

涙，涙の別れでした。

しかし，次年度，あなたの担任した子どもたちの様子がおかしい。新しい担任たちから聞こえてくる「気になる子」の名は，昨年度あなたの学級の子どもたちの名ばかり。授業中の態度が悪ったり，反抗的な態度をしたり，不登校傾向になったりしていると言います。あなたとしては，とても信じられない気持ちです。放課後になると，かつての愛児たちが教室に遊びに来ます。彼らが口々に言うのは，担任とクラスメートに対する不満や悪口です。

こうした経験をもっている方は，けっこういることでしょう。これは，「よい学級をつくった」と思った次の年に起こりがちな光景です。次の年に限ったことではありません。小学校だったら，担任の言うことしか聞かず，専科の先生の時間になると荒れる学級。中学校だったら，特定の教科担任の授業になると荒れる学級があります。

「それって，その時間の担当の力量が低いからでしょ」

と一笑に付しますか。

100歩譲ってそうだとしても，みなさんは，ご自身の学級がそのような状態だったら，どうしますか。指導しますか，放置しますか。たとえ，指導したくても，進級や卒業で自分の手の届かないところに行ってしまったらどうしますか。

自分が担任している時うまくやっていても，次年度になって，学級や学習に適応できない，担任になじめない，クラスメートと交われないというのでは，子どもたちが本当に「育った」と言えるのでしょうか。ましてや，次年度に前に担任した学級が崩壊したり，またクラス編制替えがあったとしても学級崩壊の主役級が，自分の学級出身者だったりしたらどうでしょう。

本書は，子どもたちを本当の意味で育てるための実践を集めました。執筆者たちの学級では，子どもたちが生活上の諸問題を話し合い解決します。教師が，「こうしなさい」と言ってしまえば，解決することができるにもかかわらずです。

学習課題を，時にはペアやグループを使って，そして時には，話したいクラスメートとランダムに情報交換しながら解決します。これも，教師が「こうです」と言ってしまえば，もっと効率よく学べるのかもしれません。

しかし，彼らはそうした道筋を通ろうとしないのです。

なぜでしょうか。

それでは，「生きる力」が身に付かないからです。子どもたちがこれから歩む人生は，困難と課題の連続です。人生の困難や課題を解決する時には，先生や親はいないかもしれないのです。私たちが，人生をたくましく生きるためには，困難を乗り越え，課題を解決する能力が不可欠なのです。

そしてその課題を解決する時に必要なことは，人とかかわる力です。どんなに大量で，レベルの高い知識をもっていようが，人とかかわることなしにその力を発揮することはできません。なぜならば，世の中の課題のほとんどは人間関係とかかわっているからです。また，世の中の仕事のほとんどは，一人ではできないようになっているからです。課題は人とのかかわりの中で発生するからこそ，人とかかわりながら課題を解決する力が必要なのです。それが「生きる力」の重要な要素なのです。

しかし，「生きる力」を身に付けるというと抽象的になりがちです。それを具体化するのが，自治的活動なのです。学級集団を自治的集団に育てる過程を通して，子どもたちが「生きる力」を身に付けるのです。

ここに書かれた実践群は，目の前の子どもたちが「言うことを聞くようにして，学級をまとめること」を志向したものではありません。子どもたちが，自分の目の前から去っても，たくましく人生を歩んでいけるようにするために必要な力を育てることを志向して，取り組まれたものです。

本書は近年出版された教育書の中では，特異であり，画期的なものと言えるでしょう。21世紀に入り，学級崩壊などの学級集団の混乱状況がクローズアップされる中で，教育界はどちらかというと教師の子どもたちをコントロールすることを志向し，それをよしとする傾向を歩んできたように思います。つまり，「教師の直接的な働きかけによって子どもをある方向に導く」という教育が志向されてきたのです。

しかし，本書は，その方向とは一線を画するものです。もちろん，教育活動には，ある程度，子どもたちをコントロールすることは必要です。私も小学校教師でしたから，その必要性は否定しません。しかし，それは，「教えなくてもいい状態にするために必要なことを教える」営みなのです。

本書に示した実践は，その性格上，「書いてある通りにやったらうまくいく」というようなものではありません。また，「１時間ですぐに結果が出る」というものでもありません。しかし，子どもたちが課題解決能力を付けてくると，子どもたちのもっている凄まじい力に圧倒されることでしょう。「こんなこともできるのか！」と驚かされます。

執筆陣は，小学校から中学校（中等教育学校を含む），高校に勤務するいずれ劣らぬ集団づくりのスペシャリストたちです。しかし，彼らもいきなり学級づくりが上手になったわけでなく，試行錯誤の結果，身に付けた力なのです。全実践の根底に流れているのは，「子どもを信じること」です。あなたの子どもたちを信じる力が，子どもたちに育つエネルギーを与えます。

さあ，挑戦してみませんか。先生が頑張る学級づくりから，子どもたちが自ら進める学級づくりへの脱皮に。

赤坂　真二

目次

まえがき

第1章 今，なぜ，自治的集団づくりなのか？ 〜実践の質を決めるのは，それを支える考え方です〜 自治的能力の育成の理論編 9

「自ら向上する子どもを育てる学級づくり」の使い方

※第２章以降の実践編は，下記の項目を中心にまとめています。

❶自治的能力を育てるため取っている手立て

▶学級の自治的能力を育てるための指導の手立てを，追試が可能できるよう，流れがわかる形でまとめています。

❷どんな集団が育ったか

▶❶の手立てを取った結果，どんな学級に育ったかという子どもの事実・エピソードをできる限り客観的にまとめました。

❸指導のポイント・コツ

▶❶の指導が成功するための留意点を，日常指導の中で配慮していくべきことも含めてまとめました。向上する自治的集団づくりへのアイデアが満載です。

第2章 自ら向上する子どもを育てる学級づくり 生活づくり編 21

1 クラス会議で勇気づけ〜低学年にも自治的集団の素地を〜 22

1 どんな子どもを育てたいか 22

2 クラス会議って何？ 始めたきっかけ 23

3　勇気づけのクラス会議　24
4　子どもたちの成長～自分たちで考える・決める～　31
5　日常の中でも勇気づけ　33
2 クラス会議を中心とした集団づくり　中学年の自治的集団づくり　34
1　内面と内面をかかわらせる　34
2　クラス会議をしよう　35
3　子どもの変容　41
3 クラス会議と学級プロジェクトで自治的集団を!!　43
1　どんな子どもを育てたいか　43
2　クラス会議と学級プロジェクト　44
3　一人一人の子どもたちを見つめて　54
4 少人数から集団を「チーム」に!!　55
1　なぜ,「少人数」なのか　55
2　実施方法　チームでの活動が子どもたちを変える　57
3　指導のポイント・コツ　64
5 毎日短時間のクラス会議で学級をあたたかい自治的集団にしよう！　68
1　クラス会議について　68
2　なぜ毎日行うか？　68
3　実施方法　クラス会議の導入・日常化の手立て　70
4　毎日続けるためのポイント　76
5　クラス会議の価値　77
6　実践しながら教師も学ぶ　78
6 クラス・カフェ「ファシリテーション型学級会」　81
1　そこに自治はあんのかい!?　81
2　クラス・カフェで自治的能力を育てよう　82
3　エピソードで見るクラス・カフェの実際　84
4　クラス・カフェ　その後　90

第3章 自ら向上する子どもを育てる学級づくり 授業づくり編

第3章 自ら向上する子どもを育てる学級づくり 93

1 パフォーマンス的自由討論と，真の自立した学習者を育成する自由討論 94

1 自由討論へのプロセス 94

2 三つの質を高める 96

3 子ども主体の能動的な学習が目指すもの 100

4 一斉授業の質で，土台をつくる 103

5 １年間の学級や子どもの育ちを理解する 103

6 子どもたちのどのような部分を伸ばしていくのか 105

2 教科における学び合いによる自立的学習者の育成 106

1 自立的学習者とは 106

2 自立的学習者集団の風景 107

3 学び合う授業のつくり方～目標と学習と評価が一体化した授業～ 108

4 学び合う授業の様子 113

3 授業における自治的能力を育む，生徒主体の授業改善活動 118

1 あの指導は本当に「生徒のため」だったのか 118

2 授業の振り返り活動プログラム 120

3 振り返り活動の効果を高めるために 126

4 学びやすい環境をつくりはじめた生徒たち 128

4 学級経営の集大成としての学級文集 130

1 学級文集を作るということ 130

2 生徒が自主的に活動する仕掛け 132

3 学級文集の作成には１年間の学級経営の成果が出る 138

第4章 自ら向上する子どもを育てる学級づくり 行事・委員会編

第4章 自ら向上する子どもを育てる学級づくり 143

1 ぼくたちの夢実現～運動会プロジェクト～ 144

1　教師のつくる運動会　144
2　「学校」の主人公は，子どもたち　145
3　子どもが考える運動会　146
4　プロジェクト活動の実際　147
5　子どもたちの変容と保護者の反応　155
6　教師の変容　157
7　まとめ　157
2　学級づくりの一過程としての修学旅行の班づくりを捉える　159
1　修学旅行の班づくりにて　159
2　修学旅行班づくりの実際　161
3　「望ましい集団生活の在り方」について学ぶ　167
4　大切なのは教室で起こる事実を教師がどう価値付けるか　170
3　行事を通して身に付ける自治的能力　171
1　「自治的能力」との出会い　171
2　高等学校における自治的能力　171
3　自治的能力の土台となる要素　173
4　自治的能力を身に付ける一実践～合唱コンクールを例にとって～　174
5　クラスのその後　180
6　忘れられない合唱コンクール　181
第5章　評価編
自ら向上する子どもを育てる学級づくり　183
1　自治的活動の評価方法　184
1　成果を測るのは目標と評価　184
2　自治的活動の評価の方法　187
3　評価のポイント　192
4　評価を今後の活動に活かす　194
あとがき

今，なぜ，自治的集団づくりなのか？

自治的能力の育成の理論編

～実践の質を決めるのは，それを支える考え方です～

1 理想の学級

みなさんの理想の学級とはどんな学級ですか。みなさんの目の前の子どもたちがどんな表情をして，どんな行動をする集団が，理想の学級ですか。少し思い浮かべていただけますか。

思い出しながらこれから述べるエピソードをお読みください。

2 “神”になりたい教師たち

小学校教師として採用された頃，よく勤務校や周辺の学校の先輩方から食事をしに連れて行ってもらいました。いろんなことを話し，実に多くのことを学ばせていただきました。

ご飯を食べながらの話題は，やはり，自分の学級の話になることが多くありました。うまくいったこと，そうではないことを話しました。うまくいかないことの方が圧倒的に多かったこの時の私たちには，ある憧れの教師がいました。その方は，この地域ではちょっとした有名人教師でした。とても指導力があり，スポーツ大会でも彼の指導した子どもたちは優秀な成績を収めます。学級経営も素晴らしく，やんちゃぼうずたちやトラブルを起こしがちな高学年の女子たちも彼の言うことには耳を傾けるという話でした。

その方の口癖は，

> 俺は，教室の神になる

でした。ご本人がどういう意図でそう言っていたかは，詳細はわかりませんが，彼の強烈な指導力を表現するには実に適切な言葉でした。彼の周辺から聞こえてくる武勇伝や感動的なエピソードは，非力な私たちから見ると，まさに神と呼ぶにふさわしい話ばかりでした。彼は，私たちにとっては神のような指導力をもった教師だったことは間違いありません。

こうやって書いてくるとその教師はとても傲慢な方かのように思われるかもしれませんが，実物の彼は，傲慢や威張るという言葉とは対極にいる方でした。いつも笑顔で上機嫌，豪快な笑い声を発し，ユーモアに溢れ，一度会えば「あ，この人，好き」と思わせる魅力的な人でした。正直言って，「彼のようになりたい」と思いました。

先輩たちと話をしていると，結構そうした神を志向する話題は多く出ました。「言うことを聞かない子に，こう言ってやった」「自分がこうしたら，子どもたちがこうなった」などの子どもたちを「こちらの意図通りに動かした」ことを「価値あること」「自慢できること」として語り合っていました。子どもたちを思い通りに動かすことをよしとしていたと思います。

間違いなく私たちは，「神になりたい教師」でした。

3 “女王”の痛烈な一言

それから数年経ちサークルを立ち上げ，仲間たちと定期的に学ぶようになりました。そのサークルに入ってきた一人の女性教師と出会います。いつも黒の上着に，丈の長い黒のスカートという出で立ちで，自身の実践をクールに語っていました。その実践の質はすこぶる高く，また，他者の実践に対しても実に的確な分析をしていました。その姿から，サークルのメンバーは彼女を「女王」と呼んでいました。

サークル後の懇親会で，たまたま「女王」の隣に座り，私は自分の現在の学級の様子を朗々と語りました。まだ「神への志向」をしていた頃ですから，うまくいったこと，それも子どもたちが思い通りに動いていることをうれしそうに語っていたと思います。少なくとも「女王」には，子どもを支配していることに喜びを感じているような印象を与えたと思います。「女王」は，飲み物を時々口にしながら，無表情に私の話を聞いていました。私の話が一段落すると，静かにグラスをテーブルに置き，切れ長の目を私に向けて言いました。

あんたさあ，自分の担任した後のことを考えたことある？

私は，意味がわからず，「え？」とつぶやきました。「女王」は続けました。

子どもたちは，いずれ私たちの前から去って行くんだよ。あんたの学級経営は，あんたでないとやっていけない子どもたちにしているんだよ。

子どもたちの幸せってさあ，次の学級に行っても，うまくやることなんじゃあ，ないの。

よくショックを受けると「鈍器で殴られたような…」とか「ハンマーで打たれたような…」というステレオタイプな表現でその衝撃を記述することがありますが，そんなものではなかったです。バンジージャンプで付けていたひもが長すぎてそのまま地面にぶつかったような…と言った方がいいかもしれません。

とにかく「今まで全く考えてもみなかったこと」でした。

自分は今まで，自分の担任後の子どもたちのことを考えたことはありませんでした。自分の担任期間が終われば，すべてが終了するくらいに思っていました。しかし，考えてみれば「女王」の言う通りです。

子どもたちから見れば，担任なんてものは，人生の１年か２年間という極めて限定された時間を一緒に過ごすだけで，子どもたちの学校生活や人生はそれからもずっと続きます。自分が担任した次の年に，「去年はよかった…」「赤坂先生がよかった…」と言われれば，悪い気はしませんが，果たしてそれでいいのでしょうか。

そこそこ「いい学級」がつくれるようになったと思っていた自分は，「神への志向」を自覚することはなくなりつつも，自分の思い通りになる学級をつくって自己満足していただけだったのです。

4 学級担任の仕事

「子どもたちの幸せとは」，少なくとも「学校生活における幸せとは」，なんでしょうか。担任や学級のメンバーが替わっても，その時その時出会う人とうまくやっていくことが前提となるのではないでしょうか。

次の学級で，教師や仲間から愛され，自分の居場所を見いだし，教師や仲間を好きになってやりたいことがやれること

が，子どもたちの幸せなのではないかと考えるようになりました。

つまり，学級担任の重要な仕事の一つが，「誰が担任しても，どんな学級になっても，学校生活をうまく送っていける子どもたちを育てること」なのです。ただし，この言葉には少し説明が必要です。

人間関係は，個別で固有のものですから，前担任の力で，それ以降のよい状態を保障するなんてことは，少々おこがましいことだと思います。次の担任との相性や担任の力量，出会う子どもたちの個性の問題もありますから，当然，そうした要因の影響を受けるでしょう。前の学級でどんなに力を付けても，それ以降も必ずうまくやれるとは限らないのです。

この問題をスポーツ選手の移籍に絡めて考えてみるとわかりやすいかもしれません。ある高い力量の選手ならば，他のチームに移籍してもある程度の活躍が期待できるでしょう。だからこそ，高額の年俸で優秀な選手を迎え入れるのです。一方で，一流の選手でも，監督と相性が悪かったり，メンバーとうまくいかなければ，力を発揮することはできません。しかし，力量の高い選手と低い選手を比較したら，やはり，前者の方が様々な環境で成功する確率は高いわけです。

これを子どもたちに置き換えれば，「どのチームでも活躍できる選手＝次の学級でもうまくやれる子」，「今のチームでしか活躍できない選手＝今の学級でしかやれない子」となります。ですから，学級担任の仕事は，他のチームでも活躍できる選手のような子どもたちを育てることなのです。自分がどんなに力を付けても，次の学級で，100%うまくいくことを保障することはできないでしょうが，うまくやれる確率を高めることはできるわけです。

だから，

どんなにその時の学級がうまくいったとしても，次の学級でうまくやれる可能性の低い子どもたちにしてしまったとしたら，それは集団づくりとしては成功したとは言えない

のではないでしょうか。

5 教師のリーダーシップの変換

では，どの次の学級でもうまくやっていける子どもたちを育てるには何をしたらいいのでしょうか。

結論は単純です。

先生がいないとダメな生活から，先生がいなくても動ける生活

に変換すればいいのです。どんなにまとまっていても，どんなにうまくいっていても，教師主導のシステムで学級が動いていれば，それはどこまでいっても教師主導の学級なのです。教師主導の学級を脱するためには，教師主導のリーダーシップを変換することが必要です。しかし，いきなり教師が指導をすることをやめては，学級が混乱します。だから，「徐々に手放す」のです。リーダーシップの変換のイメージを図１に示しました。

先ほど，スポーツの例を用いましたので，ここでもスポーツを例にして説明します。野球を例に取りました。子どもたちは素晴らしい力をもっています。しかし，それは組織化されていなかったり，集団としてのルールがなかったりすることがあります。だから，最初はいろいろな投げかけが必要です。大切なことを教えたり，必要な体験を仕組んだりします。教師側から働きか

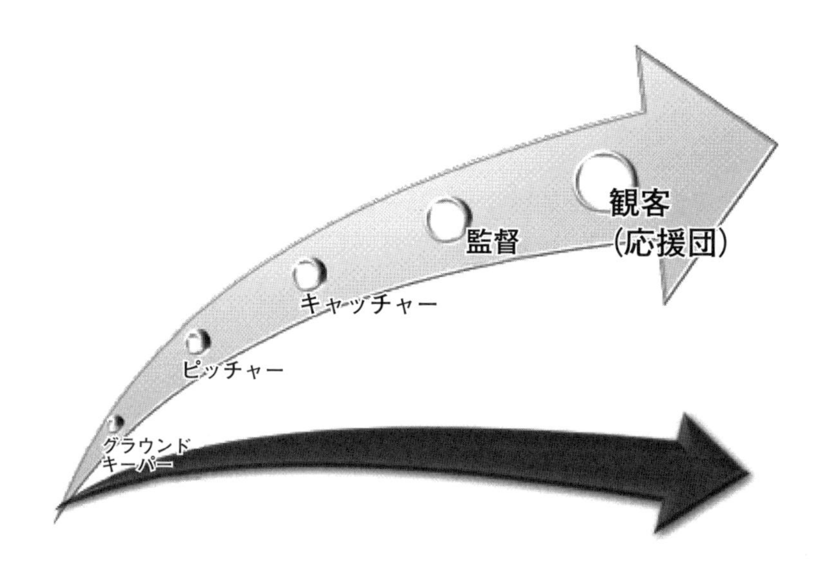

図１　教師のリーダーシップ変換のイメージ

け，投げかけるという意味で「ピッチャー」のような役割です。

次の段階は，「キャッチャー」です。教師が働きかけを続けると，それに答えて適切な言動をする子どもたちが出てきます。今度は，それを受けて，評価します。時には，ほめて，時には，喜びます。今度は子どもたちにボールを投げさせて，それを受け止めるのです。キャッチャーは，よいボールがきたら，「ナイスボール！」とほめます。少しストライクゾーンから外れたら，「おしい，もうちょっと内側だ」と励ましたり，修正したりします。そうした意味でキャッチャーです。

子どもたちがある程度のボールを投げられるようになったら，今度は，子ども同士にボールを投げさせ，受け止めさせます。教師は，監督としてそれを見守ります。時には必要な作戦を授けなくてはならない時もあるでしょう。しかし，基本的に，活動するのは子どもたちです。子どもたち同士の活動を見守り，評価し，時には必要な指導を入れます。この段階は監督です。

そして最後は，子どもたちの様子を見守り，応援する側になります。子どもたちは，成功したり失敗したりします。成功すればともに喜び失敗すればともに悔しがります。しかし，失敗の場合の改善策は，子どもたちが自分たちで考えます。こうして教師は，

直接的影響者から間接的影響者にリーダーシップを変換させていく

のです。

しかし，学級がどんなに育っても教師がやり続ける役割があります。それが，グラウンドキーパーです。子どもたちは，教室というグラウンドでプレーする選手たちです。どんなに一流の選手たちも，壊れた施設では思ったようなプレーができません。では，リーダーシップ行動におけるグラウンドキーパーの役目とはなんでしょうか。

施設などの物理的な環境の整備も大事ですが，言語環境や，雰囲気などの目に見えない環境の整備をし続けます。また，教師自身も重要な環境であることを忘れてはなりません。教師自身の気分，表情，服装などがすべて，子どもたちに強い影響を及ぼす要因であることを自覚しておくことは必要です。

- **場所，物などの目に見える環境**
- **雰囲気，言語，時間などの目に見えない環境**
- **気分，表情などの教師自身のもつ環境**

主にこの三つが，子どもたちの意欲を高めるようにマネジメントします。

6 学級を自治的集団に

こうしたリーダーシップの変換により，子どもたちを導いていく集団のゴール像は，どんな姿になるのでしょうか。

それは，「自治的集団」です。自治とは，一般的に「自分たちのことを自分たちで処理すること」などと言われます。では，この集団は何ができるのでしょうか。それは，「自らの手による問題解決」です。みなさんは，学級

生活を改善するために様々なことに取り組んでいると思いますが，みなさんの理想の子どもたちは，どちらの姿ですか。

①　**教師の力によって向上する子どもたち** ②　**自分たちの力によって向上する子どもたち**

①でも②でも，向上を志向する以上は問題が発生します。①では，それを教師が認知し，教師が解決策を考え，教師がそれを実施するか，子どもたちに取り組ませます。力のある教師の教室では，解決する可能性は高いですから，子どもたちの姿は向上するでしょう。

②でも，問題の認知は教師かもしれません。子どもたちが育っている場合は，子どもたちも認知します。いずれにせよ，教師と子どもたちが問題を共有します。そして，解決策は子どもたちが考えます。そして，それを実施するのも子どもたちです。また，教師は子どもたちが解決策を考え，それを実施するように促します。

みなさんが，育てたい子どもたちはどちらの集団で育ちますか。おそらく本書を手にしたみなさんは，②を志向しているからこそ今，本書を読んでいるのだと思います。

①の学級では，子どもたちはどんなことを学ぶでしょうか。力のある教師の教室では，ほとんどの問題が解決します。教室で問題らしい問題は見当たらなくなるかもしれません。教室は一見とても平和です。しかし，見逃してはならないことは，それは教師がつくった平和であるということです。そこには子どもたちが，自分たちで生活をつくったという実感が希薄だと言わざるを得ないのです。

人生は困難の連続です。人生をたくましく生きるには，問題解決能力が必要なのです。しかし，学級生活における問題を教師が中心になって解決していたら子どもたちがその解決能力を身に付けることができません。困ったことは，教師が，いや誰かが解決してくれることを学んでしまいます。つまり，最も懸念されるのは，

他者に依存的で消極的な生きる姿勢を学んでしまうこと

なのです。

問題解決能力を身に付けるには，問題の解決を体験するしかないのです。それは，自動車の運転は実際にやってみないと身に付かないのと同じです。学級が悪い状態になって一番困るのは子どもたちです。そして，学級がよい状態になって一番利益を受けるのは子どもたちです。ですから，学級の問題は，子どもたちの問題なのです。

子どもたちに本当に必要な力はどちらの力ですか。

① 人の言うことに従って，問題を回避して生きていく力
② 自分たちの問題に向き合い，それを自分たちの手で解決する力

何かあるといつも教師が出てきて解決する学級や，教師の力で守られて問題が発生しない学級では，問題解決能力は育たないのです。では，自治的集団は，どのような過程で問題を解決するでしょうか。本書で言う，自治とは図２で示すサイクルを自分たちで回すことにより自らの生活を改善することを指します。

図２　自治のサイクル

自分たちやメンバーの問題を認識し，それを解決するための課題を設定します。そして，民主的な手続きを通してその解決策を検討し，そこで意思決定された解決策を遂行します。さらに，遂行後，その結果を互いに評価し合いながらさらなる改善と向上を志向します。これが，自治的集団です。

ここで，問題と課題の違いについて触れておくことが必要でしょう。問題とは，あるべき姿，あってほしい姿と現実のギャップです。学力が低い，協力ができないなどです。その問題の根底には，もっと学力を高くしたい，協力ができるようにしたいという願いがあります。それを放っておくとネガティブな状態が予想されることやポジティブな状態が期待できないことです。

それに対し，課題はそのギャップを埋めるための方法です。上記の例で言えば，「どのようにすれば，学力を高くすることができるか」「どのようにすれば，協力できるようになるか」というのが課題になります。

子ども集団がこのサイクルを回せるようになることが望ましいわけです。しかし，留意しなくては，ならないことがあります。それは，

子どもたちは現状において，自治に対してあまりにも準備不足

であることです。自分たちの問題を，教師や親に解決してもらうことに慣れ過ぎてしまっている場合があります。問題解決が自分たちに必要であること，そのやり方，その喜びなどが理解できる状況にないことが想定されます。だから，いきなり問題を子どもたちに預けて解決させようとすると，混乱や反発が生じることがあります。

ですから，そこには，段階的な教師の介入や指導が必要なのです。したがって，教師の適切なかかわりを受けながら，自治を目指すことが必要です。それが本書で言うところの自治的集団です。

7 自治的集団育成の原則

自治的集団づくりは新しい提案ではありません。

実は，自治的集団の育成は，日本の教師たちが得意とする分野でした。学習場面で，子どもたちが教え合い学び合い，生活場面では，子どもたちが励まし合い助け合う，そんな場面が日本中の教室のあちこちに見られました。

だからこそ，30人から40人という世界的に見ても大人数の学級サイズで，これだけ高い質の教育をし続けることができたのです。しかし，時代とともに個別の支援を要する子どもたちの増加や教師の社会的な立ち位置の変化により，教師が個別に対応することが増えてきました。また，そうした情報が溢れるうちに，子どもたち同士をつなげ，子どもたちの相互作用によって教育効果を上げていくという視点が弱まってきたという時代的背景があります。

しかし，それは子ども集団がダメになったのではなく，子ども集団がもっている力が開発されにくい状況になっただけです。子どもたちは，私たちがリーダーシップを変換し，機会や場を設けたら必ず育ちます。

ただ，自治的集団の育成には明確なマニュアルがありません。これをこれだけやれば育つ，というものが見当たりません。しかし，具体例は豊富にあります。本書では，自治的集団づくりに積極的に取り組む，実力派教師たちからそれぞれの自治的集団づくりの考え方と実践を縦横無尽に述べてもらいました。彼らの実践から，子どもたちのたくましい自ら向上する力と躍動するエネルギーを感じとることができるでしょう。自治的集団を育てるマニュアルはないと言いましたが，指導の原則はあります。それは，

腹をくくって任せる。

その一言に尽きます。さあ，自治的集団の育成を今から始めましょう。

（赤坂　真二）

第2章

自ら向上する子どもを育てる学級づくり

生活づくり編

1 クラス会議で勇気づけ ～低学年にも自治的集団の素地を～

1 どんな子どもを育てたいか

　学級を集団に育てることを考えた時，私は子どもたちが次のような意識をもったり，行動したりする姿を目指しています。

自分たちで学級をつくっていこうとすること
自分たちで話し合って決め，問題を解決すること

　４月から３月までの１年間に自分たちのことは自分たちで考える，話し合う，取り組むという経験を通して自分たちでこの学級をつくってきたという思いをもたせて別れたいと考えています。
　自分たちで取り組むために必要なことは何でしょうか。いくつかあると思いますが，私が大事にしていることは，

今より少しでもよくなりたいという気持ちを育てる

ことです。物事に対する向上心，自分で頑張ろう，やってみようと思う気持ちとも言えるかもしれません。このような気持ちを育てるためには，まず，それを支える前提，土台が必要であると思います。
　では，その前提，土台とは何でしょうか。私は，安心であると考えます。安心感のある学級とは，例えば，「この学級にいるとホッとする」「楽しい」と感じ，「こんなことを言っても大丈夫かな」という不安がなく，「友達は自分の考えを聴いてくれる」という感情の受け止めが保障されている空間であると考えます。そのような空間では，学習をはじめとする様々な活動に対し「頑張ろう」「やるぞ」という気持ちが生まれ，この学級の力になろうという

気持ちが育ちやすくなると言えます。

2 クラス会議って何？　始めたきっかけ

安心感の中で，今よりよくなりたいという気持ちを育てるため，私は，みんなで輪になって話し合う「クラス会議」を定期的に行っています。

クラス会議とは，アドラー心理学の考え方をもとにジェーン・ネルセンの書籍から赤坂真二氏が開発した話し合いの手法の一つです。

数年前にクラス会議のプログラムを知り，担任ではない学級で担任の先生と共にクラス会議の一部を実践したことがあります。その際，２か月と少しで子どもたちの振り返りの記述と行動変容につながる兆しからクラス会議の可能性を感じ，自学級でも実践したいと考えたためです。

クラス会議の実践は，短時間で毎日行う実践もあれば，週に１回程度継続して行う実践，そして，形態もサークルや一部カフェ形式を取り入れる…と様々なバリエーションがあります。どの方法を選択して行うかは，子どもたちの実態や担任の考え方により変わると思います。ですから，行う際には，自分がよいと思った方法でまずはやってみてはいかがでしょうか。そして，プログラムをもとに，やりながら，子どもたちに合わせて修正していけばよいと思います。

クラス会議を初めて導入する際，なんのためにクラス会議をするのか，その意図を子どもたちにわかるよう丁寧に語りたいと思いました。しかし，実際に行ってみて，１年生で始める際は，丁寧に語りすぎても飽きてしまうし，最初から意図を理解できなくても，やりながら「なんだか楽しい」「こういうのいいね」と思ってくれればいいかなというゆったりしたスタンスで始めてもよいのではないかと今は考えています。

3 勇気づけのクラス会議

私が低学年で行っているクラス会議の流れです。

①椅子だけで輪をつくる
②輪になって勇気づけ
③議題を話し合う
④解決策を出し合う
⑤解決策を選ぶ

1時間目には，クラス会議とは何をするのか，どうしてするのか，その説明を1年生に合わせて簡単に行い，実施への合意を得ました。そして，活動が楽しいものであると思わせることを心がけました。

(1) 椅子だけで輪をつくる

運動会が終わった6月に開始しようと考え，次のように語りました。

これから学級のみんなでもっと仲良くなるために楽しいことをしたり，もっといいクラスにしたいからみんなで大事なことを決めたりしたいんだ。その時，輪になって会議をしたいと思うのだけど，どうかな？

子どもたちからは「会議？　なんかかっこいい！」「やりたい！」の声があがりました。1年生は，小学校生活のスタートで，初めての学習や活動がたくさんあります。小学校ではどんなことをするのかとわくわくしながら説明を聞く子どもたちの姿が印象的でした。子どもたちの賛成を取り付けた後，

椅子だけで丸くなって座ってほしいのだけど，机もあるし，他のクラスは勉強しているし，どうしたら上手にできるかな？

と問いかけました。子どもたちからは，「しずかにやる」「おさない」「ひき

ずらない」などが出ました。それらを認めた後，また尋ねました。

どんなことに気を付けるといいかな？

すると，「しずかに」は「しゃべらない」「机をガタガタさせない」「ゆずる」が出ました。子どもたちの意見はすべて認め，板書しました。

じゃあ，今みんなで考えたことに気を付けて丸をつくってみよう。

この時，子どもたちの様子をよく見ておきます。そして輪をつくった時に椅子と椅子の隙間が開いたところを「もっと詰めて」と言った子には「おかげできれいな輪になったね」と，机を２人一緒に運んでいた子には「協力し合っていたね」とほめました。この最初の協力活動でうまくいく経験をさせます。

クラス会議では，みんなで考えて，やってみたらうまくできたということを最初の輪をつくるというこの活動から実感させることが続けていく上で大切だと考えます。

また，クラス会議に限らず，低学年では，できたこと，やろうとした姿を取り上げて驚いたり，肯定的な言葉をかけたりすることが安心感をつくるコツではないかと思います。そのために大切なことは，子どもの行動をよく見て価値付けるということではないでしょうか。

⑵　輪になって勇気づけ

輪になった後は，言われるとうれしくなる言葉を言っていきました。「ありがとう」「いっしょにあそぼう」「かわいいね」「すごいね」「がんばれ」などが出ました。あたたかい雰囲気に包まれながら１周回りました。

２周目は，「いい気分になったこと」を言いました。元のプログラムでは，次の三つのうちどれかを，互いに言葉で伝えることで肯定的な感情を交換する，つまり「勇気づけ」合うことになっています。

・いい気分になったこと　・誰かに感謝したいこと　・誰かをほめたいこと

しかし，三つ同時に提示することによってどれにしようか迷ったり，難しくなったりする子がいると考えたため，言われてうれしくなる言葉，いい気分になったことをステップを踏み，実施しました。

なかなか言えないことが予想される子もいたので，話型として「…がたのしかった」「…がうれしかった」と板書して，見ながら言えるようにしました。お昼休みに遊んだこと，生活科で公園に行ったことなどが出されました。友達のことが出た時には「誰が誘ってくれたの？」と聞き，友達の名前を言うように促しました。そして，言えた子をうんとほめました。

１年生は最初から予定した通りにできなくても，経験しながら徐々にできるようにしていけばよいと思います。

次の時間は，輪をつくった後，「誰かに感謝したいこと」を出し合いました。ある子どもから「かんしゃってなに？」という質問があり，「…してもらってありがとうって思ったことだよ」と説明しました。

このことから，１年生での導入時には，感謝したいことよりも

誰かにありがとうって言いたいこと。

と聞いた方が伝わりやすいのだということを学びました。

初回の言われてうれしくなる言葉と少し違って，今度は自分とかかわった人が出てきます。１年生には，これだけでも難しいと予想したため，「『遊ぼうって誘ってくれてありがとう』や『教科書を見せてくれてありがとう』とかそういうこと，あるかな」と例を話しました。そして，言えないことを気にせず，次回，挑戦してほしいという思いから，次のような言葉かけも追加しました。

友達へのありがとうを見つけられるってすごいことなんだよ。

自分の名前が出たら，うれしいね。名前が出たら，「どういたしまして」「言ってくれてありがとう」を言えるといいね。

ここで反応の仕方についても教えました。すると，自分のことを言われたある男の子が「いや～それほどでも」と頭をかきながら照れくさそうにしました。笑いが起き，場が和みました。「そうそう！　いい反応だね」と大いにほめました。

このように，誰かのよい行動を伝え合う，それを互いに聴き合い，分かち合うことが子どもたちにとっての大きな「勇気づけ」になるのです。このような積み重ねが安心感の形成につながります。

こうしたことを継続して繰り返すことのメリットは大きく三つあります。

①自分のよさを自覚することができる
②よい言動のモデルを増やせる
③肯定的な言葉を聴き合うことで，学級の雰囲気があたたかくなる

①は，まずは保護者や教師といった大人からのわかりやすい「勇気づけ」により，よさに気付かせます。加えて友達から言われた肯定的な言葉によりさらに勇気づき，自分のよさを自覚できます。

②は，友達の言葉を聴きながら，そういうことをすると他の子は喜ぶということを知らず知らずのうちにみんなで学ぶ場になっているということです。回数を重ねることで，なかなか自分からは遊びに誘えなかった女の子が，２年生になると自分から遊ぼうと言えるようになっていきました。もちろん，学年が上がった成長もあるでしょうが，人は誘われるとうれしい気持ちになるということを感じ，誘うことは友達を喜ばせることになるということを輪になって勇気づける活動から学んだためだと思います。

③は，クラス会議で勇気づけ合い，雰囲気があたたまることで，安心できる，その上で自分の考えを表明できるようになります。

クラス会議を始めたばかりの頃の勇気づけの多くは「一緒に遊んでくれて

ありがとう」「…を貸してくれてありがとう」といったものばかりでした。それでもありがとうを言ったり，友達の名前が出たりするだけでクラスがあたたかい雰囲気になりました。

勇気づけの内容については，いろいろなものが出てほしい，学級のために貢献しているところを認め合えるといいという担任としての願いはありますが，最初は内容については口を出しませんでした。続けることでまず感情交流の機会を確保し，そのうちに質的な変容が見られることを期待したためです。

クラス会議は45分で解決策まで選ぶことを考えると，輪になって勇気づけ合うことが時間的に苦しい場合もあります。その際は，朝の会で行う，カードにあたたかいメッセージを書いて交換し合うなどの工夫も考えられるでしょう。要は，そのように互いに勇気づけ合うことがどこかで行われている，それも１回だけでなく，定期的に継続して行われることが大事だと思います。

⑶ 議題を話し合う

この後，２時間使い，次のようなことを教えました。

「聴く」ことの大切さと聞き方のロールプレイ
責めても人は行動を変えようとしない　責めない言い方で伝えよう

「聞く」と「聴く」の違いを漢字で示し，意味を教え，聴くロールプレイでは，悪い例を示し，次のように問いました。

どうすれば気持ちのいい聴き方ができるかな？

子どもたちからは，「その人の方を見る」「うん，うんってして聞く」が出ました。子どもたちの意見をまとめ，うなずくという言葉を教え，一緒にやってみました。学級の実態によっては，聞かない，聞くそれぞれのロールプレイを行って学ぶこともできると思います。

この時は，みんなで決めた「相手を見て聴く」でロールプレイを行いました。「見られてなんだか恥ずかしかった」という感想に加え，うなずいて話を聴いてもらった子が「すごくうれしかった」と笑顔になりました。輪になり，顔を見ながら聴くよさを感じました。

(4) 解決策を出し合う　拡散のコツ

クラス会議の議題は，最初は，教師のところに困ったことを言いに来た時に話を聞き，その中で，どうしたらよいかを一緒に考え「それ，クラス会議でみんなに相談してみたら？」という形で提案しました。子どもが「そうする」と言ったら話し合うという流れで決めていきました。

低学年の子どもたちから出た議題は次のようなものでした。

「ハムスターに名前を付けたい」
「給食のルールを守らない人がいる。食べるのが遅くなる」
「プリントを回す時，しわくちゃになってくるので困る」
「ドッジボールでボールが回ってこないからいやだ」
「ミニハート100個記念にお楽しみ会をしたい」

司会を２名決め，司会が議題を確認し，提案者に「話し合うか，もう解決したか」を確認します。提案者が「話し合います」と言って話し合うことになったら，そのまま話し合います。これは，個人の課題でも学級の課題でも同様の手続きを踏みます。どんな形であれ，子どもたちの承認を得てスタートすることがコツです。

話し合いは，トーキングスティックを使いました。まずはいろいろな意見が出やすいように，順番にぬいぐるみを回し，「持った人が話す」ことを約束とし，発言者の目印にしました。手触りの柔らかい物の方が安心感を得られると思います。うちのクラスでは，ぬいぐるみを使っていました。

トーキングスティックを持っている人が話す人，まわりは聴く人と繰り返し教え，「話を聴くことは話す人を大切に思うこと」だということも伝えました。安心して話せる環境をつくるためです。

また，出された意見はすべて黒板に書き，ネームプレートを貼り，どの意見も認めました。発言したことが書かれると子どもは安心します。それを見て「○○さんと同じです」という意見を出しやすくする効果もありました。

また，低学年は，意見を聴いて書くことが間に合わないことも多いので，担任が書記をすることがほとんどでした。これも実態に合わせて，徐々に子どもに任せていく方法も考えられると思います。

そして，「パスします」ということも大事な意見表明であると話します。これは「輪になって勇気づけ」の活動でも同様です。できるだけ自分の考えを話せるようになってほしいと思い働きかけたり，場を設けたりはします。しかし，みんなが言えるようになることを急ぎすぎないことも大切です。最初の頃ほど「パスします」だけでも言えたこと自体を認めることを心がけました。また，理由を言えず「○○さんと同じです」だけでもよしとしました。こうした対応も安心感を生む一つになると思います。

(5) 解決策を選ぶ　収束のコツ

1周し，解決策が出た後は，賛成・心配意見を言っていきました。ここでのコツは，次の二点です。

①「反対です」より「心配です」
②結末を予測して考えさせる

①は，「反対です」と言われたことで泣き出したり，怒ったりする子がいたため，「反対です」より柔らかい言い方である「心配です」を使いました。意見は認めているけれど，「心配だ」という伝え方をすることで否定されたという感じをかなり減らすことができると思います。

②は，それをすると（しないと）どうなるかという結末を予測して考えさせることで，やみくもに反対することがなくなります。また，実行するとどうなるか想像力を働かせることができるメリットもあります。

賛成意見，心配意見を出し合った後，学級の課題であれば多数決を取りますし，個人の課題であれば提案者が選択して解決策を決定します。

4 子どもたちの成長～自分たちで考える・決める～

(1) うまくいかない時は，もう一度やってみる

クラス会議で決めた解決策の実施は，「まずしばらくやってみよう。もし，うまくいかなかったら，また話し合って変えていこう」というスタンスで行います。

クラス会議が軌道に乗ると最初に「前回の振り返り」を入れます。

前回のクラス会議の議題は，「給食の時，ルールを守らないで，しゃべって，食べ終わらない人がいる」でした。解決策として「もぐもぐタイム（黙って食べるというルール）でしゃべったら，のこさない」が選ばれました。しかし，振り返りで「うまくいっていない」という意見が出され，再度どうしたらいいかを話し合ったところ，

前回の解決策「もぐもぐタイムにしゃべったら，のこさない」

↓

今回の解決策「もぐもぐタイムにしゃべったら，できるだけのこさない」

を加えることになりました。大人からすると「ほとんど変わっていないな」と思うことや「それではうまくいかないだろうけどな」と思うことでも人を傷つけること，不可能なことではない限り，子どもが選んだことはまず試させてみます。

大切なことは，うまくいくかどうか以上に，これを続けたことでどうなるかを考えること，やってみて，うまくいかない時にはもう一度考え，よりよい方法やめあてを考えることを学ぶというその過程にあるのだと思います。

また，実践して感じたことは，自分や学級の問題をみんなが話し合ってくれる，そのこと自体が自分のことを考えてくれる仲間だという実感が得られ，自分もこの学級の一員であるという安心感を生むシステムが仕組まれているのがクラス会議であるということです。

クラス会議を継続したことで，自分たちで何とかアイデアを出そうとする姿勢，自分たちで決める姿勢，もしうまくいかなければまた考えるという姿勢が子どもたちの中に育ちました。

低学年では，担任が決めて行うことが多くあります。しかし，すべてを担任が決めるだけではなく，最初はいくつかの案を出し，子どもに選択させたり，投げかけたりすることから自分たちで決める経験を積み重ねることが必要です。そのような自己選択，自己決定を保障することが，自治的集団をつくる素地になるからです。

⑵ 伝えたいテーマとそのセリフを自分たちで考える

２年生の７月，国語で「スイミー」を学習しました。その学習をもとに，発表朝会で全校に学習したことを伝えることにしました。子どもたちに尋ねました。

> スイミーの学習で学んだことを全校に発表したいと思うのだけど，みなさんはどんなことを伝えたい？

子どもたちの思いはそれぞれでした。スイミーの泳ぎの速さ，頭のよさ，勇気，元気を取り戻したことへの共感…。そのうちに「小さな魚でもみんなで力を合わせると大きなマグロも追い出せたことがすごいと思いました」という意見が出ました。それに対し，Ａさんが「それって私たちと一緒じゃん」とつぶやきました。

私が「Ａさん，どういうこと？」と問い返すと，「だってさ，うちらだって，ハートアップ会議（クラス会議に付けた名前）で話し合ってみんなで決めて協力しているから」と。他の子から「そうだね」の声。

その日のノートには，Ｂさんが次のように書きました。

> わたしは，スイミーのお話で（筆者が）言いたかったことは，「みんなの力をあわせるといろいろなことができる」ということじゃないかと思います。わ

たしたちも，みんなできょう力して，いろいろなことにちょうせんしたいです。

これをみんなに紹介し，発表朝会で伝えたい中心テーマに決めました。自分たちの問題を自分たちで話し合い，決めたことを協力してやってきたことが個を育て，学習にも影響していきました。

5 日常の中でも勇気づけ

クラス会議を実践して，自分たちのことは自分たちで考える，決める，やってみるということを低学年から学ぶことは大切だと思っています。教師が子どもをこんな姿に育てたいと思い，継続して取り組むことで子どもの成長のきっかけになるのだと思います。

クラス会議の中の「輪になって勇気づけ」の活動は，クラス会議の時間でなくても実施することは可能です。カードに書いて伝える「ハッピーレター」，一人によいところ，頑張りを話し言葉で伝える「よいとこさがし」や「ほめ言葉のシャワー」などの実践も勇気づけの一つであると考えます。

子どもは自分の存在を認められ，安心した中でこそ力を発揮します。このように，教室に安心感をつくるためには，クラス会議をはじめとした何かしらの手立てを実施することに加えて，日常の中でどれだけ子どもたちを勇気づけることができるかが大きなポイントであると思います。

例えば，子どもの名前を毎日呼ぶ，朝の挨拶にちょっとした言葉かけや笑顔を加える，その子の変化に気付いて関心を示す，一緒に遊ぶ，日々の頑張りや伸びを見つけ声をかけるなど。普段から私たちが意図せずに行っていることの継続で十分に勇気づけることができると思います。

低学年でも子どもに選択，決定の機会を与え，できたことが大きな自信になる，そんな経験を重ね，自分たちで学級をつくっていこうとする気持ちを育てていきたいと考えています。

（近藤　佳織）

2 クラス会議を中心とした集団づくり
中学年の自治的集団づくり

1 内面と内面をかかわらせる

けんかが起きないように，悲しい思いをさせないように，理不尽な思いをさせないようにと過剰に配慮するあまり，子どもたちの成長の芽を摘んでいることはありませんか。今だけよければ，自分が担任している間だけ問題が起きなければ…。「問題がない＝よい学級」なのではありません。

そもそも人のかかわりにおいて摩擦は生じるものです。ですから，問題を避けるのではなく，自分で折り合いを付けること，大抵の問題は自分の力で，あるいは周りの人たちと力を合わせて解決することができるという体験を積むことが，いずれ社会で生きる時に必要な学びではないでしょうか。

そのためには，子ども同士がかかわり合うことが必要です。それは，一緒に過ごす時間を長くするとかという表面的な接触ではなく，内面と内面がぶつかったり寄り添ったりしてかかわれるようにすることです。互いのバックグラウンドを知ることが，互いを理解する糸口になります。ですから，私は，考えや思いだけではなく，生活経験についてたくさん語ることができるクラス会議を学級づくりの中心に据えています。

《クラス会議のメリット》

- 聞く力が付く。結果として，相手意識が高まる。
- 話す力が付く。結果としてコミュニケーション能力が高まる。
- 繰り返すことで，子ども同士のリレーションが結べる。
- 体験的にルールの必要性を学べる。
- 問題解決のスキルが身に付く。

2 クラス会議をしよう

(1) まずはL（ロング）クラス会議から

新学期から１か月。少しずつ教室のルールも確立してきました。いよいよクラス会議の導入ですが，できるだけトップダウンの形で導入することは避けたいと考え，提案という形で子どもたちの意見を求めました。

> ４年生になって１か月がたちました。この１か月で，わかったことがたくさんあります。みなさんが，元気のいい子たちであること，やる気をたくさんもっていること，親切なこと，よく笑うこと，お手伝いが好きなこと…。他にもいっぱいいいところがあります。先生は，みなさんのいいところをもっと見つけたりもっと伸ばしたりしたいと思います。それから，楽しいこともたくさんしたいし，けんかや困りごともなくなるようにしていきたいと思っています。でも，先生はたった一人しかいません。先生一人の力では限界があります。何より，先生がいなくてもみんなの力で楽しいことをしたり困りごとを解決できるようになったりしてほしいと思っています。そこで，みんなで力を合わせて計画したり，解決したりするために，「クラス会議」というものをしたいのだけど，どうかな？

何でも自分たちの手でやりたがるギャングエイジの中学年です。もちろん喜んで賛成しました。

> では，会議にふさわしい場をつくります。机はできる限り後ろに下げます。そうすると，真ん中が広く空きますね。ここに，みなさんの椅子を丸く並べます。どのように並べるといいと思いますか。

そう言って，隣同士のペアで話させます。１分間ほど交流した後，発表させます。

・がたがたにならないように丸く並べる。

・隙間ができないようにする。
・机や椅子を引きずらないように並べる。
・〇〇さんの隣がいいとかわがままを言わないようにする。
・素早く並べる。
・おしゃべりしないで並べる。

子どもたちから,「並べた形」「並べ方」について出されました。どれも「相手意識」「自己抑制」につながる大事な視点であることを価値付けます。その後,

「何分でできますか」

と問います。これは,時間感覚を養うことと,時間内に行動することを意識づけるねらいがあります。

「3分でできるのですね？　しかも静かにできるのですね？　本当にできるか楽しみですね。それでは,愛と思いやりをもって机移動をしましょう。用意,スタート！」

この時大事にしたいのは,巨視的・微視的の両方の視点で観察するということです。そうすると,たとえ時間内にできなかった時もほめるべき評価点はたくさん生まれます。

> 残念ながら,3分間ではできませんでした。でも,みなさんは,頑張ろうとしました。頑張ろうという前向きな気持ちがなければ,どんなことだってできません。ですから,やろうとする気持ちをもってチャレンジすることは,とっても素晴らしいことなのです。

時間があれば,スポーツ選手や芸術家たちが飽くなき挑戦を続ける様を語るのも効果的です。微視的な視点で言えば,次のように価値付けることができます。

> まさはる君は,椅子が置けなくて困っていたひろえさんのために,椅子を少しずらしていましたね。まゆみさんは,困っていたゆかりさんに「こっちにおいで」と声をかけていました。椅子を並べるのに3分以上かかってしまいまし

たが，いろいろな人の思いやりが集まって，何とか無事に丸く椅子を並べることができましたね。

これは，すべてを結果のみで評価しないというクラス会議の意義とも連動します。むしろ結果よりも，目標に向かって，どのように課題解決しようとしたかという姿勢こそに価値があると私は考えます。

では，早速クラス会議を始めます。最初に，「いいねタイム」を行います。みなさん，心が元気じゃないと頑張ったり考えたりすることができない時がありますね。ですから，最初に「いいね」と思うことを発表し合って心を温めるのです。

いいねタイムでは，友達に「ありがとう」や「ここがすごいよ」「こんなことがうれしかった」ということを伝えます。「中休みにまさはる君が一緒に遊ぼうって言ってくれてうれしかったです」とか，「２時間目にまいちゃんが鉛筆を拾ってくれました。ありがとう」というようにやります。教師がまず例示します。次に，日直の子からスタートすること，時計回りに回ること，どうしても発表できない時はパスしてもいいこと，ただし，パスは１回だけで「パスさせてください」と丁寧に言うことを話します。また，クラス会議は，みんなでよりよい学級をつくるために行うものですから，全員が発表することの意義を話します。一巡した後，パスした子には再度発言を求めます。これは，いいねタイムを始める前に，パスした子も責めないことと併せて説明しておきます。

では，今日の議題です。昨日，しずかさんから，中休みに全員遊びをしたいと相談されました。中休みに全員遊びをすることでどんないいことがありそうですか。また，心配なことはどんなことですか。

議題についてすぐに話せる子ばかりではありません。まずは，隣や近くの席の子で意見交換をさせ，その後，全体で意見をシェアします。

慣れるまでは，教師が司会と書記の両方を行います。モデルを見せるという意味でも，クラス会議がしっかり根付くまでは教師が行うのがよいと考えます。

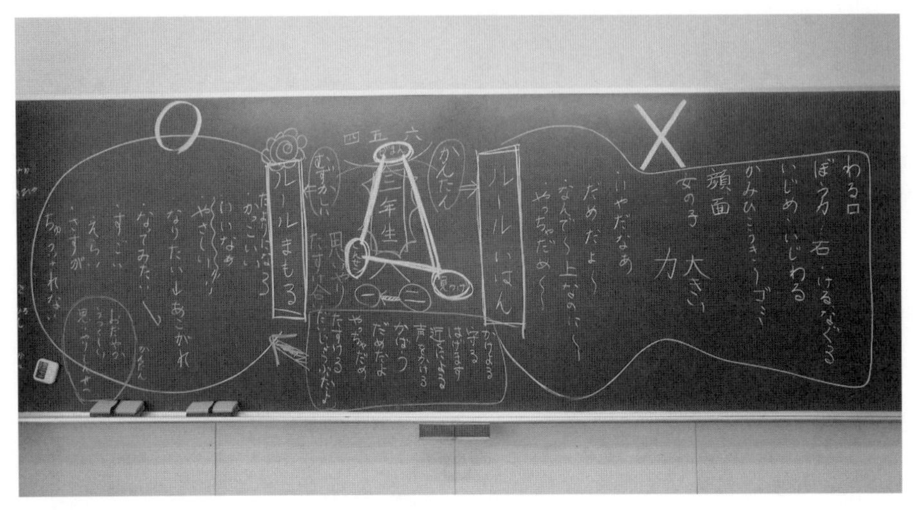

板書は，意見の方向性がわかるようにカテゴライズしながら記録していきます。類似点や対立点がわかりやすく提示できるとよいでしょう。

メリットとデメリットが出尽くしたら，実施の賛否を一人ずつ発表していきます。全員発表の段階で，意見が一つに集約されることはまれです。大抵の場合，意見がわれます。この場合だと大きくは，「やる」「やらない」の二つに意見が集約されます。まずは，実施するか否かの意見を聞きます。この時大事なのは，

自分が支持しない方の意見を完全否定しないこと

どんな意見にも，必ずメリットとデメリットがあります。デメリットだけを強調して持論を通そうとするのは，大人社会でもあまり歓迎されません。しかし，どうしても賛成できない点があるならば，

よさを肯定した上で，デメリットに対する代案を出す

ことをルールとしておきます。
話し合いの中で大切なことは，根拠を語ることです。「好き，嫌い」「やりたいから，興味ないから」という個人思考の根拠は，説得力に欠けます。しかし，私は，実感の伴わない上っ面の根拠（例えば，「みんなが仲良くなれるから」とか「みんなで遊んだら楽しいから」というような）より，「遊びたいから」「嫌だから」という方が，強い気持ちが表れているように感じます。ただ，それだけで根拠にはなりえないので，背景を尋ねるのです。そう考えるきっかけとなった経験を尋ねるのです。例えば，
「今までみんなと遊んで楽しかったことがあるのですか」
と尋ねると，
「３年生の時に，みんなで鬼ごっこをしたらすごく楽しかった」
等と返ってきます。あるいは，
「でもあの時，ルール違反をする人がいたから途中で面白くなかった。だから，ぼくは嫌だ」
等のように，それぞれの意見の背景が見えてきます。そうすると，「やりたいから」「嫌だから」という短絡的だった意見に厚みが出てきます。「しゅうと君が，嫌だという理由もわかるよなあ」となるわけです。
全体遊び反対派の中には，「ルールを破る人がいるから」「好きな遊びができないから」等のように，条件付き反対派がいます。提案の価値は認めているものの，やりたくなくなる理由があるのです。そこで，次のように質問します。

ルールを破る人がいなかったら，全員遊びに賛成ですか。

一見，一つ一つの不成立条件をつぶす作業に見えますが，こうすることにより，楽しく遊ぶためには何が必要かを確認することができます。このような手順を踏んで結論を出します。
決定事項は，必ず目立つように板書し，全員で確認します。そして，みんなで決めたことだから大事にしようと話した後，振り返りをします。話し合

いを通して考えたことや感じたことを隣の子と話し，クラス会議の価値を共有します。また，教室内に意見箱を常設しておくこと，悩みや相談事，知らせたいこと，クラスをもっとよくするための提案などをいつでも書いて入れるように話します。

⑵　S（ショート）クラス会議でつなぐ

1回目のＬクラス会議の終了時に，これから毎週Ｓクラス会議を行うことを告げます。

今日クラス会議で決まったことがうまくいっているかどうか確かめるために，来週の月曜日の帰りの会でＳクラス会議をします。時間は15分間です。これは毎週行います。また，意見箱の中にある新しい議題についても話し合います。

少しでも話し合いの時間を確保するために，机移動はせず，全員が中央に椅子を向けて行うことにしました。後は，すべてＬクラス会議と同様です。

《Ｓクラス会議の流れ》

- **中心に椅子を向ける**
- **いいねタイム**
- **前回の議題の振り返り・再検討**
- **新しい議題についての意見（全員）**
- **決議（全体にかかわるものは多数派，個人の問題は選択）**
- **振り返り**

最初は，いいねタイムに10分くらいかかり，十分に話し合いができませんでした。新議題は日付の古いものから順に取り上げますので，その日にできないこともありました。その場合，次回に回したり，いつの間にか解決したりしました。

ある時，こんな議題が出されました。

ぼくは忘れ物が多くて困っています。どうしたらいいですか。

相談者は，活発な男の子。習字セットや絵の具セットなどの特別な学習用具を忘れてしまうのだと話しました。どの程度困っているのかを尋ねると，かなり困っているとのこと。全員から出てきたアイデアは次の通り。

- 手に書く　・メモを取る　・そのメモを玄関のドアに貼る
- うちの人に揃えてもらう　・先生に電話をかけてもらう
- 前の日に調べる　・時間割にペンでマークしておく

まずは，この中で試したことのあるものを聞きました。どれもやってみたことがあるけど，どれもうまくいかなかったというのです。そこで，彼がどうして忘れてしまうのかを分析してみることにしました。

- 準備を後回しにする
- 準備したことを忘れちゃう
- 忘れちゃいけないことを覚えていられない
- うっかりしちゃう

どうやら忘れ物の要因は，意識の低さのようです。そこで，ずっと意識していられる方法はないかを考えました。クラス一のやんちゃ少年が
「帰りの会の時に，次の日に必要な持ち物をみんなで10回唱えてから帰る。さらに，帰宅したらすぐにそのものを玄関に置けばいい」
と提案しました。この案が採用され試したところ，忘れ物が激減しました。相談者以外の子どもにも効果的な方法でした。

3 子どもの変容

このように，毎週Ｓクラス会議で問題解決をし，月に一度程度のＬクラス会議で計画や問題解決を行ってきました。初めはぎくしゃくしていたり時間

がかかったりしてうまく進まなかった会議も，慣れるに従ってスムーズに進行できるようになりました。そんな，ある日。こんなことがありました。

登校するなりＡ君が物凄い勢いで私に訴えに来ました。聞けば前日の帰り道，Ｂ君が悪口を言って妹を殴っていたとのこと。あいにく朝の会が始まったので，休み時間に詳しく聞くことにしました。

休み時間になり，さて話でも聞きますかと思いきや，Ａ君の席の周りに人だかりが。私は少し離れて様子をうかがうことにしました。そこには，Ａ君とＢ君，そしてＢ君と親しい子たちが４，５人いました。話の中心になっているのはＣ君です。話を聞いていると，どうやらＡ君の誤解だったようで，Ｂ君は泣いていた妹を慰めていただけだったようです。

C君：A君，勘違いみたいだよ。前も勘違いで勝手に怒っていたことあったよね。次に同じことをしないためにどうしたらいいと思う？
D君：まずさ，確かめたらいいんじゃない？
E君：でもさ，かーっとなったら，確かめるのを忘れるんじゃない？
C君：最初っから，B君が悪いって決めつけないで考えてみるっていうのはどう？
A君：うん。わかったやってみる。ごめん。

実はＡ君とＢ君は天敵で，ことあるごとにすぐにぶつかっていました。そのたび，私のところに来て何とか解決してほしいと訴えていたのでした。今回，クラス会議での手法を応用し，事実を確認した後，解決策まで相談して決めることができました。しかも，当事者同士が話し合うのではなく，クラスの仲間のために第三者が調整役を担いました。決めつけたり押しつけたりしないで話し合えたこと，誰かのために，力を尽くしたこと――クラス会議がもたらしたうれしい成長の姿でした。

（宇野　弘恵）

3 クラス会議と学級プロジェクトで自治的集団を‼

1 どんな子どもを育てたいか

「掃除の時間，子どもたちが掃除をしないで遊んでいる」，そんな風景を，学校生活ではよく見かけます。私は，そんな時，頭ごなしに「やるべきことをやるように」と厳しく声をかけ，子どもたちに「やらせる」教師でした。これは一見，その場はやるので効果的な指導のように見えますが，いつの日にかまた同じように「しっかりと掃除をしないで遊んでしまう」状態に戻ります。しかも厳しく声をかける回数が増えれば増えるほど，厳しい声かけの回数は増えていき，またその厳しさも増していかなければなりません。

「本来，教師がやることは，『しっかりと掃除をやらせる』ことなのか？」そんな疑問をもち，日々の指導にあたっていた頃，「クラス会議」という言葉と出会いました。「クラス会議」，なんて素敵な言葉だろうと思いました。自分たちの問題を，自分たちで話し合い解決する，子どもたちが自分たちなりに知恵を寄せ合う映像が，その言葉を聞いた瞬間に，自分の頭の中に浮かびました。

「そうか，自分に必要だったのはこれか」と気が付きました。私は，日々の指導に一生懸命なあまり，子どもたちの考えていること，行動をすべて把握し，チェックし，そしてダメ出しすることにばかり集中していたのでした。子どもたちが将来，自分の力で生きていく力を付ける，そのためには，自分で課題に気付き，取り組み，そして解決できる子どもを育てなければなりません。自分のやるべきことを理解した私は，その日から，どのように取り組めば，「自分で課題に気付き，取り組み，そして解決できる子ども」が育てられるか，問題意識をもち，実践を積み重ねてきました。

2 クラス会議と学級プロジェクト

⑴ 自分なりのクラス会議の模索

「クラス会議」という言葉を知って，イメージはあるのだけれど，実際やるとなったら大変です。始めの１年は，自分なりに試行錯誤して「クラス会議」なるものをしてみました。要は，特別活動の話し合い活動を，頻繁に行うといったものでした。子どもたちは自分たちで話し合い，そして自分たちでよりよい生活を築いていこうと，素直に頑張っていました。「自分の直感は間違っていなかったな」とその時，思いました。しかし，同時に問題点もわかってきました。

㈠ 子どもたちが問題に気付いた時，話し合い活動が行われるので，話し合い活動が頻繁に行われ，その結果，授業時数を膨大に消費する。

㈡ 子どもたちの課題が一部の子どもの課題となり，課題に対して興味のない子どもは，話し合っている時間，集中を欠く。

㈢ 話し合い活動に満足してしまい，話し合われたことが十分に，日常生活に活かされていかない。

こうした問題点が浮き彫りにされてきた頃，赤坂版クラス会議（詳しくはほんの森出版より出されている『赤坂版「クラス会議」完全マニュアル』参照）に出会いました。赤坂版クラス会議では，「自分で課題に気付き，取り組み，そして解決できる」ように，学級の中でシステム化してありました。赤坂版クラス会議の流れは以下の通りです。

①輪になる。

②あいさつする。

③話し合いのルールを読み上げる。

④コンプリメントの交換をする。

⑤前回の解決策をふり返る。
⑥議題を提案する。
⑦話し合いをする。
⑧決まったことを発表する。
⑨先生の話を聞く。
⑩あいさつをする。

『赤坂版「クラス会議」完全マニュアル』（ほんの森出版，2014）
P.101～102参照

上記の流れを，週１回水曜日５校時，月２回第１，３週の木曜日２校時というように，定期的に自分たちの課題について話し合います。「子どもたちが選んだ課題」ですから，教師から見れば一見どうでもいい課題でも，一人一人が，意欲的に話し合います。

子どもたちはクラス会議のよさを理解すると，次々と自分たちの課題を話し合いにより解決していきます。冒頭の「掃除の時間に，掃除をしないで遊んでいる」というのも，クラスや学年が変わっても，毎年のように話し合う議題の一つです。子どもたちは，普段先生が注意するような内容を，自分たちで課題にして取り組み，解決していきます。そして，どこか自信に満ちた子どもになっていきました。

赤坂版クラス会議の導入により，問題点の㋐と㋑は解決されましたが，㋒は解消されませんでした。というのも，高学年の場合，クラブ活動や委員会活動，学年で立ち上げた実行委員の活動で忙しく，なかなか学級の活動に手が回らないのが実情です。休み時間に教室を見回しても，手の空いている子どもたちは，５，６人と言ったところでしょうか。ですから，どんなに一生懸命話し合ってクラス会議で決まったことも，それを推進する子どもがいないのです。学年が上がっていくに従って，活躍の場が広がっていくことは順当な成長であり，評価されることです。しかし，日常生活をする学級でも，同じように充実してほしいと感じていました。

そこで，「学級プロジェクト」と名付けた取り組みを行いました。「学級プロジェクト」とは，学級でやりたいことを「プロジェクト」として立ち上げ，イベントを企画・運営し，イベント終了後にプロジェクトチームは解散となります。「係活動」と似ていますが（係活動は自由設立制をとっていました），係活動よりも，解散がはっきりしている分，取り組みやすいようでした。

⑵　学級プロジェクト実施方法

赤坂版クラス会議の「⑧決まったことを発表する」の後に，（必要に応じて）司会の子どもが次のように言います。

決まったことを中心になって取り組める人はいますか？

子どもたちは，現時点の自分の役割，家での習い事，自分の得意分野を考慮した上で，プロジェクトに参加するか，しないかを決めます。そこまで一生懸命話し合ってきたので，「取り組む人がいない」ということは，よほどのことがない限りありません。人数が多い場合も，その場で一応仮決定とし，クラス会議を終了します。

プロジェクトメンバーが決まったら，休み時間にプロジェクトメンバーが集まり，以下の手順で企画を練ります。

①リーダーを決める。
(リーダーの司会のもと)
②やるべきことを決める。
③役割分担を決める。
④次回以降の予定を確認する。
⑤先生に報告する。

①　プロジェクトリーダーを決める

プロジェクトリーダー（以下，リーダー）の役割は，プロジェクトメンバーが集まった際の司会，教師への報告，連絡が主な役割です。プロジェクトの責任者ではありません。「調整役」という言葉がふさわしいのかもしれません。

基本的に，教師がかかわる時は，まずリーダーに進捗状況を確認しながらかかわります。「自分で課題に気付き，取り組み，そして解決できる子ども」を育てるのですから，高学年の子どもたちに教師がその都度，個人的にかかわり指示をしてしまえば，「先生がいつでもやってくれる」という考えになってしまいます。よほどのことがない限り，声かけはリーダーからされます。そのためには，企画を練る段階で，しっかりとした見通しが必要です。

②　やるべきことを決める

リーダーが決まったら，企画書をもとにやるべきことを決めます。まずやるべきことを自由に出します。次にそれを，順番に並べます。最後に，期日を決めます。

ここで一番大事なのは，期日を決めておくことです。多くの場合，期日を決めないでおくと，忙しさの中で，うやむやになってしまいます。

③　役割分担を決める

最後に役割分担を決めます。プロジェクトの人数が多い場合，この時点でプロジェクトメンバーから外れます。どう見ても人数が多く，自分がいても何もできないと見通しがもてれば，自然と違うことにエネルギーを使おうとします。この時，譲ってくれた人はよく覚えておき，次回のプロジェクトで立候補していたら，強く推薦します。企画を繰り返すうちに，企画に携わる役割を細分化し，みんなで取り組めるように工夫するようになっていきます。

④　次回以降の予定を確認する

最後に，次回以降の予定を確認します。プロジェクトメンバー全員で集まる日を決めます。委員会活動やクラブ活動，その他様々な予定があるので，全員で集まる日を初めに設定しないと，結局，何度も集まることになり，ストレスになります。それぞれが分担したら，それは責任をもって，それぞれが取り組む，必要があれば，お互いに調整し合う，といった活動をメインにし，なるべく全体で会う時間を少なくします。

＿＿＿＿＿＿＿＿プロジェクト
ねらい（なぜやるか）
プロジェクトメンバー（リーダーに赤で○をつける）
やること（書き出した後に，数字をつける）
ふり返り（プロジェクトをやってみての感想）

⑤　先生に報告する

リーダーが教師に報告をします。教師がチェックするポイントは，㈠担任裁量で済む取り組みか，㈡日程の設定が厳しくなっていないか，㈢人間関係は円滑か，の三点です。

基本的に「プロジェクト」として子どもに委ねている以上，見守ることが大切です。しかし，教師としてしっかりとかかわり，指導をしなければいけません。

㈠　担任裁量で済む取り組みか

例えば特別教室の使用などは，各学校の教科主任に話を通しておく必要がありますし，大きな学級イベントとなるような場合は，学年主任に相談する必要があります。子どもたちが自分たちで説得する活動を仕組みますが，子どもたちの知らない場で，十分に活動のねらいを理解してもらう必要があるでしょう。場合によっては，管理職に話をしておくことも大切です。

企画書の段階で，不安を覚えるようなら一度，保留にします。「先生が確認するから，ちょっと待っていてね」と伝えましょう。根回しが済んだ段階で，「自分たちで活動の意味を説明できるなら，取り組めるようです。できますか？」とあくまで，子どもたち自身の力でその活動が切り開いていけるよう，支援していきます。

㈡　日程の設定が厳しくなっていないか

子どもたちの多くは「見通しをもつ」ということが難しいように思えます。任せておくと，非常に厳しい日程で，取り組みを進めようとします。厳しく設定することは，「自分に甘えを許さない」と見れば，いいことのように見えますが，実際はその日程のせいで，周りと衝突する姿が多く見られます。余裕をもって，自分たちで楽しく取り組めることが重要です。日程については，どんどん教師が介入していいでしょう。

㈢　人間関係は円滑か

役割分担を見た時に，人間関係において教師が「何か違和感を感じないか」，必ず確認します。変更が可能であれば，リーダーと当事者を集めて，教師主導で役割分担を変更します。活動をすることによって，マイナスのことしか起こらないような取り組みは，しない方がいいです。「グループを解体する」のではなく，このメンバーで本当にうまくいくのかどうか，といった観点で見ます。

(3) 実践事例

では実際学級プロジェクトがどのような活動なのか，事例を紹介します。

① 学級目標作成プロジェクト

学級目標を学級で決めた際，「合い言葉をつくろう」という議題がクラス会議で出されました。何度も何度も話し合いが繰り返され，「笑友」（しょうゆ）という合い言葉になりました。その際，「毎年，学級で作っているように，今年も学級に掲示した方がいい」という意見が出ました。これは，「合い言葉を掲示してあれば，長い文章の合い言葉でも大丈夫」という，違う考えへの賛成意見として出たものです。

クラス会議の最後に「先生から」で私はその意見を取り上げ，「自分たちで取り組んでみますか？」と尋ねてみました。それまで，毎年，各学級で作ってきた学級目標の掲示物を自分たちだけで作る，その提案に子どもたちはわくわくしているように見えました。

早速プロジェクトの立ち上げです。プロジェクトに参加したのは，学級の女の子たちのグループでした。「学級目標の掲示物」≒絵を描くというイメージが強かったのか，学級の男の子たちは様子をうかがっているようでした。

まずやるべきこととして挙がったのは，「デザインを考える」でした。ただ，それまで学級で，デザインを募集し，一つに決める経験をしてきませんでした。プロジェクトの子どもたちはどのような手順で決めていけばいいのか，わからないようでした。そこで私はリーダーに，「描きたい人に描いてもらい，それをみんなで投票してもらえばいいのではないですか？」と提案しました。

早速，リーダーは帰りの会で，学級に「デザイン募集」を呼びかけました。

学級では，「デザイン募集と言われても困る」といった空気が流れていました。そこで，リーダーと相談し，絵の得意そうな子に個別にお願いするようにしました。プロジェクトメンバーから個別に頼まれた子どもたちは，お願いされてまんざらでもなさそうにデザインを描き始めました。プロジェクトメンバーが見守る中，普段，学級で大人しい子どもが絵を描いている，その光景を見た時，この活動をやってよかったなと思いました。

そうして，いくつかのデザインができあがりました。そのデザインを見ながらリーダーに，「『絵の上手さ』で見るのではなく，自分たちが大切にしている『笑友』が上手に表されているもので選べるといいですね。全部の絵を見て，まず中心となるデザインを決める，次に付け足したいものを決めていくという順番でクラス会議にしてみてはどうですか？」と提案してみました。プロジェクトメンバーは進め方が全く見通せていなかったので，とりあえずその通りにやってみようと，クラス会議で話し合いました。

デザインができあがると，あとは自分たちで進めていました。貼り絵を呼びかけ，全員で少しずつ仕上げていきました。一番の山場は，デザインを決めるところでした。

方法がわからない場合，方法を提示する，できれば複数提示した中から，子どもたち自身が選べるといいでしょう。子どもたちに活動を委ねていますが，活動が子どもたちにとって「ただ苦しむだけ」であれば，迷わず教師がかかわるべきです。その判断は，一番近くにいて子どもたちを見守っている教師にしかできない判断だと思います。

子どもたちが困っている時，その困り感が学びになると判断したら見守る。「ただの苦しみしかない」と判断したら，迷わず教師が介入する。

② 同窓会をしよう‼プロジェクト

卒業式に向けて練習が始まった頃，「先生，卒業した後，同窓会をしたいんですけれど…」と相談に来た子どもがいました。「今の学級が名残惜しい」，「一度は，同窓会というものをやってみたい」，そんな思いだったのかもしれません。ちょうどその頃，私は，卒業前に「未来の自分へ」という手紙を書く実践を準備していました。卒業間近の子どもたちが，未来の自分に手紙を書く，小学校を卒業するという時期は，期待と不安で胸がいっぱいのはずです。その思いが少しでも消化できればいいなという願いから，この実践をやろうと決意していました。

私はその子どもに，「先生は『未来の自分へ』で手紙を書こうと思っているから，その手紙が届く頃，同窓会をしようか？」と提案しました。その時点で，その子どもは，プロジェクトリーダーになると同時に同窓会の幹事となりました。

その子が持ってきた計画用紙を見ると，とても簡単なものでした。それはそうです。卒業した後のことですから，まだ見通しが全くもてません。「まずは，みんなに同窓会を開きたいけれどいいか，尋ねてみるといいですね。そしてもし，同窓会をするとしたら，いつ行うのか，それも聞いてみたらいいと思いますよ」そうアドバイスしました。

リーダーがその後，どのようにして，それを学級全員に聞き，計画を進めるのか，見守りました。リーダーは，クラス会議でそのことを相談しました。

ちょうどこのクラス会議は，授業参観の日に行いました。「同窓会をやること」については，すぐに了承が得られました。しかし，「いつやるか」では，話し合いが盛り上がりました。出た案としては三つです。

A：高校在学中に行う

B：高校卒業時に行う

C：成人してから行う

「自分は高校で野球をやっているはずだから，寮に入っていて同窓会に出られない。だから成人してから会いたい」，「中学校を卒業すると，本当にみんなバラバラになる。だから，高校生活が楽しいよ，って言い合えるように高校在学中に会いたい」，「お姉ちゃんを見ていると，高校を卒業した後の方が忙しそう。だったら，高校卒業の直前が一番，みんなで会えると思う」，子どもたちは口々に自分の境遇を想像して，意見を言います。

「あまり大人になりすぎると，小学校のことや先生のことは忘れてしまうと思う」と，ある子が言いました。私は，「では，後ろで見守っている保護者の方に聞いてみてはどうですか？」と助言しました。この話し合いをずっと見守っていた保護者の方が言いました。「そりゃあ，覚えているよ。大人になっても，先生の名前も学校生活も忘れることはできないよ」。その一言に，一同納得しました。そしてそれだったら，「成人してから会う」という一番の人生の節目で行おうと決まりました。

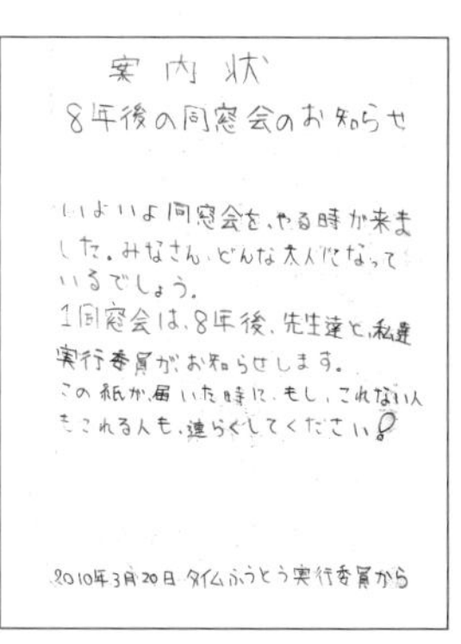

案内状
8年後の同窓会のお知らせ

いよいよ同窓会を，やる時が来ました。みなさん，どんな大人になっているでしょう。
1同窓会は，8年後，先生達と，私達実行委員がお知らせします。
この紙が届いた時に，もし，これない人もこれる人も，連らくしてください♪

2010年3月20日 タイムふうとう実行委員から

未来の自分にあてた手紙（左）と同窓会の案内状（右）

「クラス会議で決まったことを，遂行する」プロジェクトもありますが，この実践は，プロジェクトで進めている中で，話し合いの核が見えてきて「クラス会議で確認する」，プロジェクト先行型の取り組みでした。それぞれが夢について語り合い，そしてお互いを大切に思い合える感動的なクラス会議があるのだと，子どもたちから教わりました。

クラス会議を補完するプロジェクトもあるが，プロジェクトを補完するクラス会議もある。

3 一人一人の子どもたちを見つめて

私は，一人一人の子どもが思いを語り，そしてそれを聞き，考えを深めるような学級を目指して，これまで取り組んできました。そして取り組みを進める中で，「思いを語るためには，自分で行動しなければいけない」，「聞くためには，作法が必要」など，様々な要素があることに気が付きました。話し合いを重ねれば重ねるほど，そういった「技術的な面」では上手になっている子どもたちでしたが，どこかに違和感がありました。それぞれが語るのと同じくらい，語らずにそっと行動に移し，陰ながら学級を支えている子どもたちがいるのです。

「そういった様々な子どもたちと一緒に，いい学級に成長していきたい」そんな思いでクラス会議やプロジェクトに取り組んでいたと思います。そしてその結果，「自分で課題に気付き，取り組み，そして解決できる子ども」の姿が，学級のあちらこちらで見られるようになったのだと思います。

システムはシステムです。システムを追いかけるあまり，犠牲になる子どもがいてはいけません。クラス会議で意見を言えないことに劣等感をもっている子がいる，1年間の中で，一度もプロジェクトに参加せず，またあらゆる活動でも消極的な状態があるとしたら，それはクラス会議やプロジェクトに取り組む前に，やるべきことがあるのだとそう思います。

一人一人の子どもたちを見つめて，一つのシステムを補完する形でシステムをつくっていく，そういった中で，一人一人の子どもたちが成長できる学級をこれからも考えていけたらと思います。

（松下　崇）

少人数から集団を「チーム」に!!

1 なぜ,「少人数」なのか

(1) 実践の概要

毎日の学校生活を６人一組の生活班を単位として行動する実践です。生徒は朝の会，給食，帰りの会，清掃などの日常生活のほとんどを生活班で過ごします。生活班で与えられた役割を果たすことを通して，生活の向上の貢献に寄与すると同時に，そこで起きた様々な諸問題を班単位で振り返ります。

なぜ，少人数での活動を取り入れたかというと，まずは全員に「参加を促す」こと，そして，「一人一人の発言量を増やす」ことをしたかったからです。

最終的には学級全体を自治的学級集団に育成することをねらいとしていますが，そのためにはまず，個人の自治的学級集団形成への参加意識を促進させることと，そのためのスキル形成が必要であると考えます。

学級集団づくりを学級全体で行うことが理想であるとも考えます。しかし，全員で行うための第一歩として，まずは小集団から自治的集団の形成に参加する態度をもたせることを優先して考えます。また，小集団での交流は一人一人の参加に対する抵抗を軽減させます。その中で集団の交流に慣れるようにしていきます。

小集団での会話量が増えると，集団内の会話の質が上がると考えられます。小集団で話し合われた内容を，学級全体に提案することで，学級をチームにしていきます。私はこれをいつもイメージして実践を行いました。

⑵ なぜ，「少人数」を始めたのか（問題意識，きっかけ）

中学生は日々，大人に近づいていきます。大人になるということは「社会の一員」になるということを意味します。つまり，民主社会の一員として責任を果たしていくことが必要になるということです。

では，民主社会の一員としての責任とは何でしょうか。私は，自分の所属する集団，組織での自分の役割を自覚し，その仕事を全うすることであると考えます。

また，自分が生きるコミュニティーをよりよくしていくために，自分の生活の問題点や改善点に気付き，解決していく力も必要でしょう。

そうだとすれば，学校生活ではそのための準備になる活動を意図的に仕組んでいくことが必要になります。

中学生の学校生活を見ていると，一部の生徒はとてもよく気付き，どんなことも嫌がらずに動いてくれます。しかし，中には，何もせずに傍観者のように過ごしている生徒もいます。私は生徒に「人のために汗が流せること」が当たり前にできるようになってほしいと願っています。

ですから，全員が何らかの役割を担い，その仕事を全うすることで自分が所属する組織の学級集団に貢献すること，自分たちの生活の中で気が付いたことや問題点や改善点をその都度解決していけるようなシステムづくりをすること，この二つが必要であると考えました。

⑶ 実践の強み（本実践で付くことが期待される子どもの力，能力）

本実践は，前述の問題意識から行ったものですから，生徒自身に自分の所属する集団（○○中学校の生徒，○年○組の生徒）であるという所属感を感じさせることが必要です。また，担っている役割の仕事をやり遂げることを通して，その集団に貢献しているという自覚をもたせることが何より大切です。

所属する集団への所属感や貢献しているという自覚をもたせることができれば，「その集団をよりよくしたい」「自分の生活をいいものにしていきたい」という思いが生まれてきます。

この思いのもと，自分の力（自分のエンジン）で，自らの生活を主体的に切り拓いていく力，また，教師の手を借りずに，生活をよりよく改善したり，問題を解決したりする力が付くことが期待されます。

言い換えると，「自治的能力」が身に付くことが期待されると考えています。

2 実施方法　チームでの活動が子どもたちを変える

(1) 生活班を編成し，一人一役の役割分担を行う

学級を５人もしくは６人で１班を編成します。私の学級は34人でしたから，５人班が二つ，６人班が四つできました。各班のメンバーが確定したら，班ごとにチームミーティング（班会議）を行い，各係を決定させます。

各班に与えられた係とその仕事内容は以下の通りです。

①班長…班活動の総責任者，司会進行，班活動でのタイムキーパー

②生活…生活ノートの提出・未提出者チェック，提出状況の報告，未提出者への声かけ，机・ロッカーの整理整頓

③学習…家庭学習ノートの提出・未提出者チェック，提出状況の報告，未提出者への声かけ

④清掃…清掃時のリーダー・総責任者，振り返り会の司会，終わりの挨拶

⑤給食（６人班は２人）…着席時間のタイムキーパー，着席時間の声かけ，片付け時間のタイムキーパー，給食後の机周りのチェック

この係は１年間固定します。自分の役割は１年間変わらないということです。席替えなどで生活班の構成メンバーが変わることはありますが，それぞれの役割は原則変えることはありません。そうすることで，最初の自分の仕事を覚えてしまいさえすれば，後は班のメンバーが変わっても同じ仕事を続けていくことができます。自分のやるべきことがはっきりしていれば，生徒は自ら，しかも，安心して動くことができます。「自らのエンジンで動く」時に，安心して安定した行動を保障することで，その土台がつくられていきます。

初めに決めた役割を1年間固定することには，このような意図が含まれています。

⑵ 生活班によるチームミーティング（朝・夕）

編成した生活班は，できるだけ多くの場面で活用するようにします。係活動を滞りなく行うことはもちろんですが，互いの様子を意識したり，振り返ったりする習慣を身に付けるシステムも必要だからです。また，自分たちの力で，生活を回していけるようにしていくことも意図に含んでいます。その手立てとして，毎日行う短学活にチームミーティングを取り入れます。

【朝の会】

○朝の挨拶（全員で教師に対して→互いに対して）
○チームミーティング
・朝の健康観察を兼ねた挨拶リレー
（例）
A「Bさん，おはようございます。今日の体調はどうですか？」
B「はい，少し眠いけど元気です」
「Cさん，おはようございます。今日の体調はどうですか？」
C「ちょっとお腹が痛いですが，頑張って過ごします」
「Dさん，…（以下，略）」
・今日の目標を決める
「今日の目標を決めます。昨日の振り返りを活かして決めましょう」
→ここで，おしゃべりをしながら今日の目標を決めていきます。
・今日の目標の確認

「今日の目標は，○○○に決まりました。この目標をしっかりと守っていきましょう。今日１日，よろしくお願いします」

そして，各班から出てきた目標はその日のチームミーティングの司会（輪番制）が教室のホワイトボードに記入し，全員に可視化できるようにします。

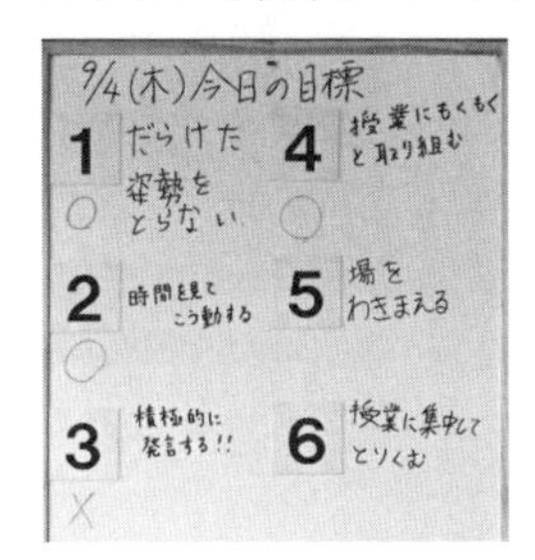

【帰りの会】

○全体で翌日の教科連絡や持ち物の確認，係や委員会からの連絡を済ませる

○チームミーティング

・今日１日の振り返り

【今日の目標の振り返り】

「今日の目標はきちんと守ることはできましたか。今日１日を振り返ってできた（できなかった）ことは何ですか」

【今日の友達の行動をホメ合おう】

「今日の生活で頑張っていた人，いいことをした人を出し合いましょう」

・司会による今日の総括

（例）

「今日は，全員がとてもよく頑張っていたと思います。しかし，まだ時間を守ることができていない人がいます。明日から全員が時間を守れるようにしていきましょう」

「これで，今日のチームミーティングを終わりにします。今日１日，ありがとうございました」

日常的に生活班を意識させることで，自分たちの生活を主体的にしていくことができるようになっていきます。

チームミーティングの様子

⑶ チームノートの記入（ミーティングの内容，次の人へのＩ【♥】メッセージを送る）

チームミーティングとリンクさせて行う活動として「チームノート」があります。これは，チーム内の生活を振り返る，いわば，「振り返りジャーナル」です。その日の班のメンバーの体調や生活の様子を書き出し，互いの生活を認め合うことを目的としています。また，チームミーティングで話が出たことをまとめることで，その日の生活を担任が見ることができるというレコーディングの意味合いも含む活動です。

本実践を行うにあたって生徒に次のような話をしました。

> もう，いろいろなことを話したり，仲良く活動したりすることができる１年６組のみなさんです。ここで，さらにもう一歩踏み込んで「一人一人のつながりを密にし，互いの関係をもっと広く深くすること」を目的に「チームノート」をスタートします。

「チームノート」を書くにあたってのルールは以下の通りです。

①記入は一人１ページです。班長→清掃→生活→学習→給食の順で回します（６人班は給食①→給食②となる）。
②書くのは，Ⅰ日付，Ⅱ記入者，Ⅲ内容（チームメンバーの体調，チーム内での出来事，チーム内でよかったこと，もしくは，課題，チーム内で頑張ったり，いい行動をしたりした人，チーム内で気になった人，次の記入者へのメッセージなど）です。
③その日のうちに，書き終えて先生に提出してください（先生が読んで次の日の朝，その日の記入者に手渡します）。

本実践で生徒が書いた「チームノート」を紹介します。

６月20日（金） 記入者 班長 ○○
～グループ内の出来事～
家庭科で，ワークシートに記入したり，シールを貼ったりしている時に，班の人たちがわからなくて困っていると，他のみんなが「どこがわからないの？」，「大丈夫かぁ～？」などと声をかけ合って，班の全員が早めに仕上がったのでよかったです。
～グループ内で頑張った人～
・△△君です。家庭科で声をかけるのが一番早かったり，授業と休み時間のけじめがきちんとついた行動をしたりしていたからです。
（中略）
～次の人へのメッセージ～
・明日は□□さん，少しでも時間を見つけて書いて，忘れないように頑張ってね～（＾－＾）。

自治的能力はクラス全員に身に付けさせたい力ですが，すべての生徒が同じ行動をすることはありません。また，全員を教師一人ですべてを見ながら把握していくこともできません。ですから，生活班の，生徒自身の省察の中から生徒の望ましい行動を見つけることも目的としています。

⑷　実践を通してどのような集団に育ったか

①　人のために動ける生徒が続出!!

チームでの活動がクラスに変容を与えたものとして「〜しましょうか」「何か手伝うことはありませんか」と声をかけ，動いてくれる生徒が増えたことが挙げられます。

私の勤務する学校では，生活班での係活動以外に，「一人一役」という当番活動が存在します。

各教科の教科連絡等を教科担任に聞きに行く教科担当から，配布や掲示など学級内にかかわる担当など，仕事内容は様々ですが，全員が必ずいずれかの当番を担い，毎日自分の仕事を行います。

当然，私の学級の生徒も自分の担当をもち，仕事をしています。しかし，当番活動も該当する生徒が欠席したり，何らかの事情によってその仕事が完遂することができなかったりする状況が起こります。

今までは自分の仕事が終われば，そのようなことが起こっても，生活に支障が出ていることに気付く生徒は皆無に等しく，私が直接，別の生徒に仕事をお願いすることが多くありました。

しかし，ある生徒（以下，生徒Ｂ）の生活ノート（連絡帳とその日の出来事が書けるノート）に「水曜日に美術係の人が２人とも休みました。木曜日に美術があり，その教科連絡をＡさん（美術係ではない生徒）が聞きに行ってくれたという話を聞きました。このクラスには，周りを見て行動することができる優しい子，裏で頑張っている子がいるんだなと思い，すがすがしい気持ちになりました。私もＡさんのようになりたいです」という記述がありました。

私は自分から休みの生徒の分の仕事を行った生徒Ａ，そして，普段見えづらい友達の行動に気が付き，紹介してくれた生徒Ｂの両方を全員の前でほめました。この日から，生徒の動きが一変しました。自分の役割を全うすることはもちろん，他の生徒の仕事を手伝ったり，代わりに行ったりということを自分たちで行うようになりました。
「～しましょうか」という言葉が自発的に出てきたことがクラスの自治的集団への成長の一端を表していると感じています。

② 生徒が互いの様子をよく観察する集団に‼

ある生活班の話です。チームミーティング時から非常に雰囲気のよいこの班は，他の生徒がなかなか盛り上がらないでいる朝から笑顔で話す姿が見られました。
給食の時間もその班の盛り上がりはとどまることを知らず，あまりに盛り上がりすぎて，「給食を食べるのを忘れるんじゃないかな」と，見ているこちらが心配になるほどでした。
この班の帰りのチームミーティング後の司会の生徒Ｃの報告で「同じ班のＤさんが，Ｅ君やＦ君の様子をよく見て，それを伝えてあげていたのでとてもよい雰囲気でチームミーティングができました。友達のいいところを見つけられるＤさんはすごいと思いました」と話してくれました。突然，自分の名前を呼ばれ恥ずかしそうにうつむく生徒Ｄでしたが，その表情はうれしそうでした。それを聞いた他の班の生徒はその様子を笑顔で聞き，大きな拍手でその出来事を受け入れてくれました。
このチームミーティングをきっかけに，他の班の雰囲気がさらによくなり学級全体の雰囲気が一段と盛り上がり生徒同士の輪を広げていくことができました。
これらのエピソードは，先に紹介した手立てによりチームでの教室の様子や友達の表情をよく見るようになり，他者（友達・学級）の視点に立って，物事を考えられるようになったから出現したのだろうと考えています。

3 指導のポイント・コツ

(1) 方法をきちんと教える→生徒に任せる

「自治的学級集団」とは，「すべてを自分たちで行うこと」だというイメージをもち，教師は何もしないと考える方がいるかもしれません。 しかし，それは違います。学級を自治的集団にするためには，教師は教えるべきことはきちんと教えることが重要であると私は考えています。

そのために，まずは方法をきちんと教えます。

例えば，チームミーティングの場合，初めて行う時，生徒はやったことのない活動に戸惑いを見せます。それはどのように動いたらいいかわからないという感情から出るものです。ですから，一つ一つ手順を踏んでしっかり教えます。最初は慣れない活動も，丁寧に指導することで生徒は安心して行動することができるようになります。また，手順を教えている時に適切な行動をしている生徒を全員の前でほめます。そうすることで，生徒の行動が強化され，さらに安心して行動できるようになります。

安心して行動できるようになったら，後は生徒に委ねます。そして，生徒に委ねられるようになったら，教師はチームミーティングの様子を傍らで見守ります。それも笑顔で見守るといいでしょう。生徒はさらに安心して活動するようになります。

生徒の様子を見ていて，その場で言いたくなることもあるでしょう。しかし，そこをグッとこらえることが必要です。任せると決めたら，腹をくくってとことん生徒に委ねることです。私自身，委ねる前まではチームミーティングが終わるたびに一つ一つ評価をしたり，言葉をかけたりしていました。しかし，任せるようになってからは，週の最後に総括として話すくらいにとどめています。

「教えなくてもいいようにするために教えること」の後は「大胆に委ねること」に移行します。両極の指導ですが，教師が「できる！」と感じたら，生徒を信じて指導することで，自治的集団への育ちができてくるのではないかと考えます。

⑵ 細かな声かけ

「自治的学級集団」の育成とはつまるところ，教師の考える「自治」に対する思いの具現化であると考えています。ですから，教師の意図する「自治」のイメージよりも外に出ることはないと考えています。また，教師自身がもつ「自治的集団」のイメージはどれだけ具体的な姿を明確にもっているかということが大切になります。

教師のもつイメージを生徒に指導し，具現化していくわけですから，生徒の姿から自分がイメージしている集団にどのくらい近づいているかを細かく見ていく必要があります。

そして，修正や改善が必要なところを全体に声かけをしていきます。

声かけは朝や帰りの学活で話すこともありますが，時間がなかったり，生徒に強く意識してもらいたかったりする時には，「黒板」を用います。そこで，私は毎朝，生徒へ伝えたいメッセージを黒板に書くことにしています。

これと併せて，生徒一人一人への声かけも加えていきます。始業前の時間や，次の活動（授業）へ移るまでのわずかな休み時間，給食の準備の時間など，隙間の時間を見つけては声をかけ，おしゃべりすることを徹底して行います。内容は世間話です。他愛のない話の中で生徒の日頃の生活の頑張りや育ってきているところなどを認めつつ，生徒の「今」の思いを聴くことを大切にします。

冒頭に集団への所属感や帰属意識，貢献感が自治的学級集団づくりの源になると述べました。私はこれ以外に，これらを動かすさらなる源として「担任に対する安心感」が必要であると考えます。教師と生徒との精神的距離を縮めることです。これが自治的学級集団へ育成する初めの一歩であると考えます。

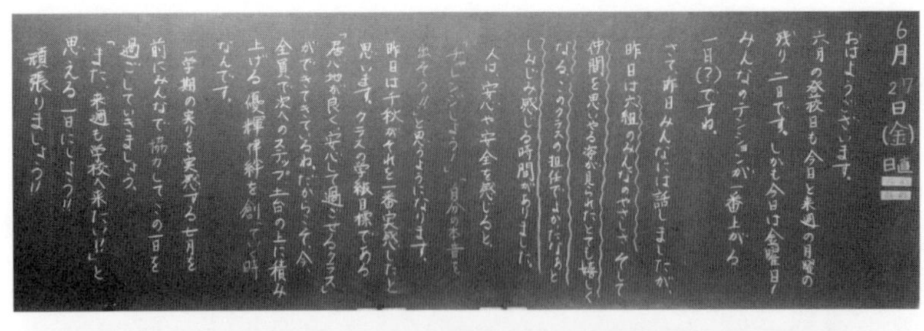

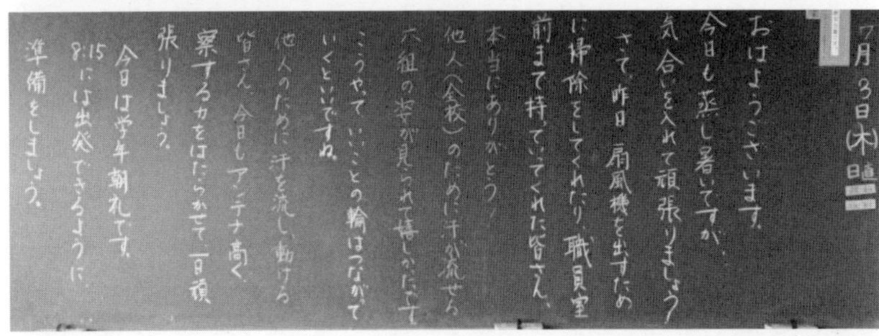

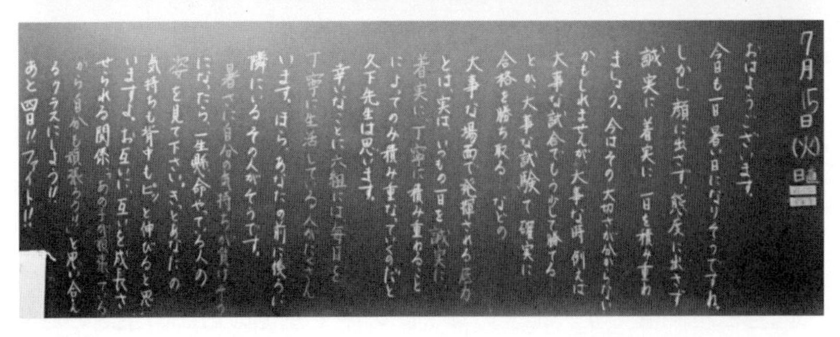

安心感をもつと，人は新しいことへチャレンジするようになります。「もしかしたら，失敗するかも…」という不安よりも，「よし，やってみよう」という思いの方が勝り，行動しようと試みていくのです。

「自治的学級集団」の育成とはチャレンジです。生徒にチャレンジをしようという思いをもたせ，自治的集団を目指して行動させていくために教師ができること，それは，生徒へ安心感を与え続け，そのチャレンジを支えていくことです。そのために，教師は生徒との心的距離を様々な手立てを用いて縮めていくことが必要だと考えます。

⑶　クラスを自治的学級集団にするために…

クラスの生徒を自治的学級集団にするために，実践を中心に紹介しましたが，自治的学級集団づくりを指導する時，私は農業でいう「耕し→種蒔き→水やり→収穫」という流れを意識して行います。まずは，教師と生徒，生徒と生徒との関係性の「耕し」です。どのような集団を目指すにしても，互いを信頼し，高め合う素地がなければ，よりよい集団は育っていきません。

ですから，まずは人間関係を耕すことに全力を注ぎ込む意識が必要です。その後に，「種蒔き」として自治的学級集団へ向かう方策を与え，「水やり」として，全体と個人への声かけ，学級全体の方向性の修正と改善を図りながら，自治的学級集団に成長し（収穫し）ていく。

うまくいくことも，うまくいかないこともたくさんあるのが学級集団づくりです。しかし，教師が目指す学級集団の育成の実現を図るべく，日々の生活を丁寧に誠実に過ごすことが実現への道のりであると私は考えます。

（久下　　亘）

毎日短時間のクラス会議で学級をあたたかい自治的集団にしよう！

1 クラス会議について

クラス会議は，全員で輪になり，議題（生活上の諸問題や個人的な悩み・願い等，みんなに話し合ってもらいたいこと）に対して全員が解決策を考える活動です。定期的に話し合うことで効果を発揮します。

この活動を通して，一人一人が大切にされるあたたかい雰囲気が生まれ，子どもたちが自主的に行動できる自治的な集団になっていきます。

クラス会議には，毎日短時間で行うクラス会議と毎週１単位時間で行うクラス会議とがあります。本稿では，毎日短時間で行うクラス会議に悩み試行錯誤しながら取り組んでいる私の実践をご紹介します。

2 なぜ毎日行うか？

(1) 子どもたちは本当に育ったか

私は以前,「教師が教育技術を身に付ければ子どもたちは成長する」と思って実践を積み重ねてきました。しかし，しばらく実践するうちに，本当に子どもたちは成長したと言えるのだろうか，自分にとって都合のいい学級になっただけではないだろうか，子どもたちの問題を教師が肩代わりして子どもの成長する機会を奪っていたのではないだろうか，と疑問に思うようになりました。もっと子ども集団の力を引き出し，学級が自治的で協同的な集団になるような方法はないだろうか，と考えていた時に出会ったのがクラス会議でした。

最初は不勉強なまま，週１回実践してみました。ですが，私の計画性のなさから，時間がかかりすぎたり，席替え等の学級活動や，児童会からの議題等で定期的に話し合う時間を確保することがなかなかできなかったりして，継続できませんでした。もっと無理なく定期的に実施できる方法はないだろうか，と考えていた時に，そのニーズに応えてくれたのが毎日短時間で行うクラス会議でした。

(2) 年間200日が生み出すパワー

クラス会議を日本に紹介したジェーン・ネルセン著『クラス会議で子どもが変わる』では，クラス会議は定期的に行うことを前提とした上で，「毎日クラス会議を行いましょう。一週間に一度三十分から四十五分のクラス会議をするより，十分から二十分でも毎日クラス会議を行うほうが良いでしょう」と述べられています。

日本の子どもたちは，年間およそ200日登校します。これを利用しない手はありません。「継続は力なり」の言葉通り，毎日短時間でもおよそ200回続ければ，大きな力になります。毎日のクラス会議に派手さはなく，即効性はありません。でも，毎日継続して取り組むことで漢方薬のようにジワリジワリと学級が，子どもたちが育ってきます。

(3) 多くの議題を扱うことができる

毎日話し合うということは，多くの議題を扱うことができるということです。言い換えれば，誰もが議題を出したら話し合ってもらえるチャンスが保障されているということです。

最初の頃は特定の子どもが議題を出してくるかもしれません。しかし，毎日話し合っていくうちに，徐々に多くの子どもが議題を出せるようになってきます。

(4) 日常生活へのシステム化

毎日行う学級システムにするためにも，朝の会や帰りの会など，子どもた

ちの学校生活の中に組み込むことが大事です。つまり,

子どもたちの学校生活の中に常にクラス会議が「ある」という状況

をつくり出すのです。特別な時だけに話し合うのではなく，毎日話し合うことにしてしまえば，自然に継続することができます。

3 実施方法　クラス会議の導入・日常化の手立て

(1) 準備するもの

1．トーキングスティック（ぬいぐるみ等）
2．議題カード
3．議題を入れるための議題箱
4．サイコロ

トーキングスティックは，話す人が持つことで，視覚的に話し手が誰かがわかるものです。また，これを持っている人以外は話してはいけない，というルールにもなります。おもちゃのマイク等なんでもよいのですが，ぬいぐるみだと持った時に柔らかく，安心して話せるのでおすすめです。

議題カードは，右のようなものを作るとよいでしょう。日付と名前，議題を書く欄を設けます。

みんなで話し合いたい！ぎだいていあんカード
ぎだいを出した日　　月　　日（　曜日）
名前
話し合いたいこと

サイコロはトーキングスティックを回す方向を決めるものです。コイン等でもよいと思います。

(2) クラス会議の実施手順

毎日短時間で行うため，実施手順は非常にシンプルです。

（事前）議題カードを提出する。
①輪になる。
②コンプリメント（ありがとうみつけ）を行う。
③議題の提示を行う。
④議題について一人ずつ解決策を言う。
⑤議題提案者が最もよいと思う案を選ぶ。

学級会のように，それぞれの案について，賛成か反対かといった話し合いは行いません。

⑶　クラス会議の導入例

各過程で私が大切だと考えるポイントと，クラス会議での導入時の指導言の例を以下に記します。導入には，学級活動や総合的な学習の時間等で１時間を使い，丁寧に活動の仕方や意義などを子どもたちに話します。

①　輪になる

輪になることで，全員の顔が見え，一体感が生まれます。また，継続することで，学級への所属感が育まれます。タイマーで輪になるまでの時間を測るとゲーム性が生まれ楽しんで行えます。教師も輪の中に入るようにします。

「これから毎日みんなで輪になって，みんなの悩みや願いについての解決策を考える活動をしていきたいと思います。賛成してくれますか」と子どもたちに尋ねます。子どもたちは大抵，いつもと違う活動をすると知り，賛成してくれるでしょう。その上で，「賛成してくれてありがとう。じゃあ，今日はそのやり方についてお話ししますね」と述べます。

次に，「今から机を後ろに下げて，椅子を使って輪になりましょう。タイマーで時間を測ります。どれぐらいで輪になれそうかな？　よーい，スタート！」と言って輪になります。最初は非常に時間がかかるはずです。輪になったら，ストップウォッチを止めて，時間を知らせます。そして，「この時間を少しでも縮めたいと思います。何かいい方法はありますか」と尋ねます。子どもたちは，「急ぐ」「手伝う」「素早く動く」といったことを言うでしょう。そこで，そのアイデアを使ってもう一度やってみます。すると，おそらく先ほどよりも短い時間で輪になることができるはずです。輪になったら，時間を知らせ，「このクラスはすごいね，ちょっと意識しただけで変わることができるんだね。先生うれしいな」と子どもたちの行為を肯定的に価値付けます。その上で，「輪になると，みんなの顔が見えて，一緒に生活をしていると実感できるね。先生はこれから輪になることを大切にしていきたいと思います」と述べます。

② コンプリメント（ありがとうみつけ）を行う

コンプリメントは，アイスブレイクのような活動で，あたたかく話しやすい雰囲気をつくります。隣の人にトーキングスティックを渡しながら，「～してくれてありがとう」と一言ずつ感謝の言葉を短く述べていきます。

「次に，ありがとうみつけをします。隣の人に順番にレオちゃん（トーキングスティックの名前）を渡しながら，『～してくれてありがとう』と感謝の言葉を言いましょう。例えば，『この前相談に乗ってくれてありがとう』『輪になる時に入れてくれてありがとう』と言います。他にも『隣に座ってくれてありがとう』『一緒のクラスになってくれてありがとう』みたいに，当たり前のことでもいいんだよ。当たり前のことに感謝できるって素敵なことだよね。感謝の言葉とレオちゃんをもらったら『ありがとう』と言って受け取って，隣の人に回そう」とコンプリメントについて説明します。

そして，「でも，思いつかない場合もあるよね。その時は，『パス』と言って次の人に渡してください。クラス会議では，言うか言わないかは自分で決めます。だからパスすることは悪いことじゃないんだよ」と，パスすることの意義を伝えましょう。

次に，「どちらにレオちゃんが回るかを決めましょう。サイコロを振ります。１～３が出たら右回り，４～６が出たら左回りです。じゃあ投げるよ。

♪何が出るかな，何が出るかな♪（サイコロを振る）１が出たね。では右回りに順番に，『ありがとう』を言っていきましょう」と話してありがとうみつけを始めます。最初はパスばかりになるかもしれません。でも気にせず進めます。トーキングスティックが１周したら，「みんなで『ありがとう』を言うと，なんだかあたたかい気持ちになったね」と肯定的な言葉がけをします。

③　議題の提示を行う

議題カードに書かれた議題を読み上げ，議題提案者に話し合うかどうかを確認します。話し合う場合は，議題提案者に詳しく議題の内容を説明させ，具体的に何について話し合ってほしいのか，どうなるといいのか等のニーズをはっきりさせます。

A．議題カードの説明

「みんなに話し合ってほしいことをこの議題カードに書いてください。例えば，『勉強を始めるとすぐに眠くなってしまいます。どうしたら眠くなりませんか』『○○さんに嫌なことを言われて困ります。どうしたらいいですか』といったように書きます。ここで大切なのは，相手がいる場合はその人の名前を書かない，あるいは『○○さん』と書くことです。人を責めるのではなく，問題を解決することが大事だからです。また，議題カードには日付と自分の名前を書きましょう。議題は日付順に読み上げられます。自分の名前を書くのは，議題を出すことに責任をもってもらうためです。カードを書いたら，この議題箱に入れてね」と議題カードについて説明します。

B．議題提示

はじめは，教師が議題の例を提示します（子どもたちに話し合ってほしいことを出してもらうのもいいでしょう）。「今日はまだ議題がないので，先生の悩みを議題にしますね。『よくあちこちに物を置きっぱなしにしてしまって，後でどこに行ったかわからなくなります。どうしたらいいですか』。先生ね，よくあちこちに物を置きっぱなしにしてしまうんだよね。この前も家でメガネをどこに置いたかわからなくなって，めちゃくちゃ探し回ったんだ。どうしたらいいかな」と議題の例を提示します。「こんな思いをしたことがある？」と尋ねてみると，「あるある！」と共感の声が返ってくるかもしれません。

次に，「議題を出した人は，話し合うかどうかを尋ねられます。もし，もう解決していて話し合う必要がなくなった場合は，『話し合いません』と言ってね。その場合は次の議題にいくからね」と伝えます。

④　議題について一人ずつ解決策を言う

隣の人にトーキングスティックを渡しながら，議題についての解決策を全員が言うようにします。「解決策」の名の通り，解決に焦点を当てた案を考えるように指導します。人を罰するような意見を言ったり，どんな解決策にも批判を言ったりしてはいけないことを繰り返し指導します。

「これからこの議題の解決策を一人ずつ言っていきましょう。例えば，『忘れないように指さし確認をする』といったように言えばいいよ。楽しくてよい解決策が出るといいね。わからなかったり，思いつかなかったりしたらどうするんだった？　そう，『パス』だね。パスすることも立派な権利です。言う機会があるということが大事なんです」と伝えます。

併せて，「解決策を言う時に，注意してほしいことがあります。『○○さんをぶんなぐる』といったような罰を与えるようなものは解決策ではありません。また，誰かが言った解決策について，『えーっ，それは無理でしょ』とか『そんなのできるわけないじゃん』といったことは言わないでね。どんなアイデアでも悪く言ってはいけません」と注意点を述べます。そして，「では解決策を一人ずつ言っていきましょう。前の人が言った解決策と合体させるのもいいですね」と言って，順に解決策を言わせていきます。子どもたちから出された解決策は教師が議題カードにメモしておくとよいです。

⑤　議題提案者が最も良いと思う案を選ぶ

出された解決策の中から，議題提案者が最もよいと思う案を自己決定します。選んだら，議題提案者は感謝の言葉を全員に述べます。

トーキングスティックが１周回ったら，「議題を出した人は出してもらった解決策の中で一番いいと思うものを一つ決めます。じゃあ，先生はＡさんが言ってくれた『置く場所を決める』にします。これでやってみるね。みんな，話し合ってくれてありがとう。とてもうれしいです」と述べた上で，「みんなで一人の議題について解決策を考えるって素敵でしょ。話し合ってもらえるとうれしいし，みんなで役に立てるとうれしいよね」とクラス会議のよさを話します。そして，「今日は丁寧に話したけど，これからは毎日朝の会の中で，短い時間で取り組んでいくからね」と今後の見通しを話して授業を終わります。もし時間があれば，一人ずつ感想を述べさせます。

⑷　日常化への手立て

導入後，毎日クラス会議を行います。私が実践している朝の会（10分間）での取り組みを例として以下に示します。

１．輪になる
２．朝の挨拶
３．隣同士で健康観察
４．先生からの連絡
５．クラス会議

最初のうちは，輪になるだけで時間がかかり，クラス会議までたどり着かないかもしれません。でも，毎日やることで徐々に「ありがとうみつけ」までできるようになり，いずれ解決策の話し合いまでできるようになります。あまり気負わず焦らず，気楽な気持ちで行ってください。

クラス会議の時間を確保するためには，先生からの連絡を短くしなければなりません。そのため，連絡事項を簡潔に伝える練習にもなります。朝に伝えるべきことだけに絞って話をする等の工夫をするのも一つです。

また，短時間で行うために，「同じ解決策ならば言わない，短く言うようにする」といったことを子どもたちと確認するといいかもしれません。

クラス会議に子どもたちが慣れるまでは教師が司会やメモをした方がいいですが，ある程度流れがつかめてきたら，子どもたちに任せていきます。

4 毎日続けるためのポイント

○明るい雰囲気を！

クラス会議を明るい雰囲気で行うためには，教師が笑顔で楽しんで行うことが大切です。教師が硬い表情で行うと，面白い解決策が出にくくなり，楽しい雰囲気がなくなってしまいます。

○焦らない

パスが続くと，「なんで!?」と思わず腹が立ったり焦ったりしてしまうことがありますが，あくまで平常心です。「全員に発言権があることが大事である」ことを心にとめておきましょう。

○価値づけ

「よい座り方で参加してくれてありがとう」「うなずきながら聞いてくれてうれしいな」「笑顔がいいね」といった子どもの行為や，「輪になるとあたたかい感じがするよね」「毎日ありがとうが溢れていいね」「みんなで役に立てるって素敵だね。私たちには力があるんだね」といった活動に対しての肯定的な価値づけをその都度していくとよいです。

また，クラス会議で話し合った解決策が，早速その日の生活に活かされることがあります。例えば，「牛乳パックを片付ける時にぐちゃぐちゃに並べられていて困る」という議題に対して，「一人一人がきちんと並べるように意識する」という解決策が選ばれた日の給食の時間，片付ける時に牛乳パックがきれいに並べてあったら，「クラス会議で話し合った効果がもう出ているね！」とクラス会議の効果を価値づけると，子どもたちも「すごい！」とその価値を実感できます。

○クラス会議を子どもたちの選択肢の一つに

子どもたちが学校生活のトラブル等で不満を訴えてきたら，「それ，議題に出してみんなに話し合ってもらう方法もあるよ」と促してみるとよいです。解決方法の一つにクラス会議という選択肢がある，という認識をもたせることができます。

○議題が出なかったら

議題が出ない時は，教師が議題を出すのも一つの方法です。あるいは，議題がない時は，「ありがとうみつけ」をするだけでも十分です。

○解決策がうまくいかなかったら

自分で選んだ解決策が必ずしもうまくいくわけではありません。でも，うまくいかなければ「もう一度議題に出して話し合ってもらえばいい」のです。このスタンスを教師自身がもっておくと同時に，子どもたちにも伝えておきます。

○時間内に終わらせるために

話し合いの途中でも時間になったら終わり，続きは昼休みや帰りの会で行うようにします。そうすることで「時間内に終わらせる」という意識をもたせることができます。しかし、時間内に終わらないことが多い場合は，朝休みのうちに輪になっておく，帰りの会で行う等，柔軟に考えて取り組むようにします。時間内に終わらないことを議題に出して子どもたちに解決策を考えてもらうのも一つです。学級や学校の実態に合わせて無理なく取り組んでください。

5 クラス会議の価値

私が実践して感じているクラス会議の価値は次の三点です。

(1) 問題解決

クラス会議では，毎日様々な問題を議題にして話し合います。問題が発覚してから，あるいは大きくなってから話し合うのではなく，普段から当たり前のように話し合いをすることで，学級の荒れへの予防にもつながります。また，クラス会議に取り組むことで，自分たちで問題を解決する姿勢が子どもたちに生まれてきます。

(2) 共有化

クラス会議では毎日議題を出すことにより，全員でその情報を共有化することになります。全員で共有化することで，問題意識や気持ち，考え方の共通点や相違点，またそれぞれの状況の違い等を知ることができるのです。それにより，「自分にとっての当たり前は，他人にとっては当たり前ではない」ということを学ぶことができます。また，解決策を共有することで，「みんなでこうしていこう」という規範意識を育むことにもなります。

(3) 話し合うこと

「みんなで輪になって解決策を考えること」「発言権が平等に回ってくること」つまり，「クラス会議で話し合うこと」そのものに価値があると私は考えています。毎日クラス会議で話し合うことにより，学級に支え合う雰囲気ができ，学級への所属感や信頼感，貢献感を一人一人が感じられるようになるのだと考えています。

6 実践しながら教師も学ぶ

(1) クラス会議を実践してみて

クラス会議を毎日行っていると，学級に様々な変化が起こってきます。

ある日，朝の会の時間内にクラス会議が終わらないことがありました。その時，「先生，５時間目の学活の時間の最初に残りをやろうよ！」「続きは帰りの会でしよう！」といった言葉が子どもたちから出てきました。また，違う日に，行事の関係で今日はクラス会議ができないことを伝えると，「エーッ!?　クラス会議，やれないの!?」と言われてしまうことがありました。毎日行うものの，飽きることなく，クラス会議を楽しんでいることが伝わってきました。

また，最初の頃の議題は，給食や掃除のことなど，学級全体に関するものの方が多かったのですが，徐々に自分の悩みの相談，さらには，「家の人が帰ってくるのが遅くて寂しいです。どうしたら寂しい気持ちになりませんか」といった自己開示的な議題も出されるようになってきました。

そして，子どもたちに司会等を任せるようになると，議題提案時に，「それってどういうこと？　つまり，こういうことですか？」と議題提案者の言いたいことや気持ちや状況をくみ取ろうとする姿が見られるようになりました。

今年度，Q－U（図書文化）を使って，クラス会議を取り組む前と，２か月間取り組んだ後でのデータを比較してみたところ，学級生活満足群の値が実施後に大きく向上しました。もちろんこの値の変化の要因はクラス会議だけではないでしょうが，少なからず影響を与えていると考えられます。

⑵　子どもたちも教師も成長する

クラス会議を実践してみると，子どもたちに任せることができること，子どもたちに力があることを実感することができます。普段の学校のカリキュラムの中で，子どもたちに任せることができる機会は意識しないとなかなかつくり出せません。しかし，クラス会議ではそれが可能になります。子どもたちに任せることで，子どもたちに向き合う姿勢，気持ちのもち方等，教師としての在り方が変わってきました。つまり，クラス会議は子育てのように，教師も子どもたちとともに成長する活動であると感じています。

もちろん，集団で生活している限り，問題や悩みがなくなるわけではありません。でも問題が起こっても，自分たちでそのことを議題に出して解決策を考えることができる頼もしい集団に育っていくように感じます。

クラス会議を実践したことがない人は，「本当に効果があるの？」「毎日取り組むのは大変でしょ？」と言います。しかし，クラス会議を始めてみると，「クラス会議なしで学級経営をすることはあり得ない」と思えるようになります。まずは教師自身が議題を出して子どもたちに話し合ってもらうとよいです。きっと幸せな気持ちになり，教師も学級の一員である実感をもてるはずです。まずは，始めてみてください。始めて，続けていくことでその価値がわかってきます。

⑶ 共に学ぶ仲間を

毎日クラス会議をやっていると，「これでいいのかな？」「この場合はどうしたらいいのだろう？」と不安や疑問に思うことが出てきます。もちろんそれは最終的には自分の判断に任されますが，悩んだ時に，一緒に考えてくれる人や相談できる人がいると心強いです。私は，『はじめちゃおう！　クラス会議』の著者であり，クラス会議の実践家である森重裕二氏と但馬淑夫氏の主宰する学習会に時々参加し，その不安や疑問について一緒に考えてもらっています。

クラス会議に「これが正解！」というものはないと思います。共に実践する仲間と，悩みながらよりよい方法を考えることで，また新たな発見をすることができ，互いの成長につながるはずです。

クラス会議はいつからでも始められます。さあ，ぜひクラス会議を始めましょう！　そして，続けましょう！

（堀内　拓志）

【参考文献】
＊ジェーン・ネルセン　リン・ロット　H・ステファン・グレン『クラス会議で子どもが変わる　アドラー心理学でポジティブ学級づくり』コスモスライブラリー，2000
＊森重裕二　但馬淑夫『はじめちゃおう！　クラス会議』明治図書，2013
＊四日市市教育センター研究調査報告　第393集　『共同体感覚を育む「クラス会議」の活用に関する研究』
＊河村茂雄『学級づくりのためのQ－U入門「楽しい学校生活を送るためのアンケート」活用ガイド』図書文化，2006

クラス・カフェ「ファシリテーション型学級会」

1 そこに自治はあんのかい!?

突然ですが，次のようなことを想像してください。

> 誰もが憧れる人気歌手，あるいはプロスポーツ選手が４月から学級担任になった。どの子も目を輝かせ，新しい担任の言うことを素直に聞き入れる。昨年度まで，あんなにやんちゃだった男の子も，言われた通りに活動する。子どもたちにとって，憧れていた人からの話は絶対であり，疑う余地もない…。

いかがでしょうか？　「授業はちゃんとできるの？」とか「教育の専門家ではないから…」ということは抜きにして，これだけのカリスマ性と強いリーダーシップがあれば，あらゆる教育活動がスムーズに進むと思いませんか。自分にもこんな力があったらと思いませんか。

そう思われた方。ここまで書いておいてなんですが，我々教師が人気歌手やプロスポーツ選手のようなカリスマ性や強いリーダーシップをもったとしても，理想のクラスにはおそらくなりません。なぜなら，

クラスには子どもたちの自主性と自治的要素が必要

だからです。

確かに，時には教師の強いリーダーシップのもと，子どもたちをグイグイと引っ張っていく必要があるかもしれません。カリスマ性があった方が，クラスがまとまることがあるかもしれません。しかし，それだけでは不十分だと思うのです。なぜなら，教師が理想の学級集団を目指す時に必要不可欠な要素

自治的能力を高めるファシリテーターとしての能力

がないからです。

近年,「ファシリテーション」や「ファシリテーター」という言葉が教育界でも盛んに聞かれます。そのまま直訳すれば「容易にする」「促進する」といった,活動を進めるための行為ですが,広義では「体験・経験学習の促進」,狭義では「会議・話し合いの進行」と,多様な解釈と捉え方で,決まった定義付けがなされているわけではないようです。ですが,共通項を帰納的にまとめ,教師のあるべき姿に当てはめると,およそ次のようになります。

上から指導や指示をするのではなく,対等な立場で子どもたちの成長を促す

こうしたファシリテーターとしての役割を教師が果たしながら,クラスを自治的集団にしていくわけです。

シンプルに考えて,子どもたちは,将来ずっと誰かから指示を出されたり,指導を受けたりして生活しません。大人になった時に自立し,自らの考えや判断のもとに生きていかねばなりません。だとすれば,小学校・中学校のうちから,その訓練・体験を積んでおくべきです。突然,「あなたは大人になったから,明日から全部自分で考え,行動してね」と言われても,困るわけです。では,教師が正しい役割を果たし,クラスの自治的能力を高めていくために何をすればよいのでしょうか。一緒に考えてみましょう。

2 クラス・カフェで自治的能力を育てよう

クラスにルールをつくります。子どもたちは,次の三つのうち,どのルールを一番守るでしょうか?

A:先生から提案されたルール

B:クラスの一部のメンバーで決めたルール

C：クラスのみんなで決めたルール

自治的能力が大切だと思えば，迷わず「C」ではないでしょうか？　教師と子どもの間に強い信頼関係が築けていれば，「A」でもよいかもしれません。しかし，それではいつまでたっても受け身的で，子どもたちの主体性や，クラスとしての自治的能力が育ちません。そこで，クラスを自治的集団にするために，積極的に話し合い活動に取り組んでみてはいかがでしょうか。いわゆる「学級会」です。

ところで，ただ「学級会をせよ」と言われても，どう行ってよいものか迷われる方もいるでしょう。加えて，学級会が自治的能力の育成に直結しづらい課題を抱えていることも確かです。多くの学級会では，下記のような問題が起こりがちです。

①一人一人の発言機会や発言量が少ない
②一部の発言力のある子どもたちだけで話し合いが進められる
③クラス全体の前では発表に抵抗のある子がいる
④学級会で決まったことが守られていない
⑤司会進行がうまく会を回せない

そこで，ファシリテーション型学級会とも言うべき「クラス・カフェ」を紹介します。ちなみにクラス・カフェという言葉は，私がつくった造語です。

早速，クラス・カフェを紹介する前に，ワールド・カフェという話し合いの手法をご存知でしょうか？　ワールド・カフェとは，メンバーの組み合わせを変えながら，４～５人単位の小グループで話し合いを続けることで，あたかも参加者全員が話し合っているような効果が得られる会話の手法のことです。その名が示すようにカフェのようなリラックスした雰囲気で，会話を楽しむことを重視しています。そのため，ゆったりとしたBGMを流したり，いつでも書き込める模造紙などが用意されたりしています。ただし，ワールド・カフェは本来，何時間もかけて行われるものですし，リラックスして，よりよいアイデアを出そうとするために飲食を伴ったりもします。ですので，これらの要素の中から学級会に取り入れられるものだけを選択して作成したものが「クラス・カフェ」です。

クラス・カフェはおよそ次のようなものです。

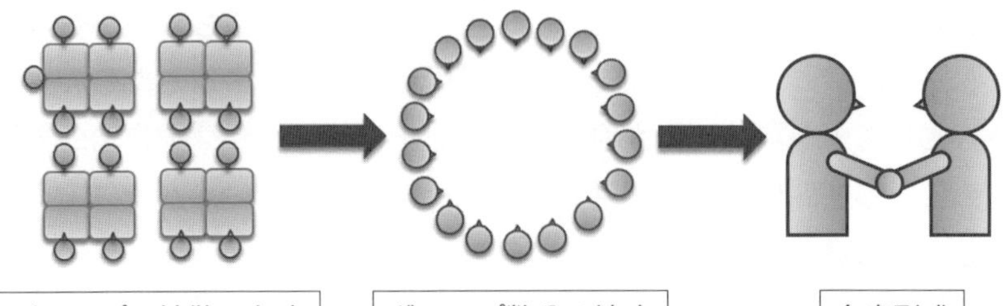

各グループで拡散⇒収束

グループ数分の決定事項をクラスで収束

合意形成

・４～５名の小グループでの話し合いから開始し，その後全体での話し合いを行う。
・小グループでの話し合いは，途中でメンバーを替え，情報の共有化を図る。
　※議題の内容や話し合いの深まりに応じて，小グループでの話し合いと全体の話し合いを往還する。
・小グループに模造紙やＡ１サイズのホワイトボードを設置し，話し合いの内容を書き込めるようにする。
・コンプリメントと感謝を伝える活動を最初に行い，あたたかい雰囲気をつくり出す。
・話し合い中にBGMとしてカフェミュージックを流し，会話を楽しむことを重視する。

（香取一昭・大川恒　2009　『ワールド・カフェをやろう！』　日本経済新聞出版社）

3 エピソードで見るクラス・カフェの実際

◆「ちくちく言葉を言われたらどうする？」

ここからは，実際のクラス・カフェの様子を紹介します。クラスは６年生，26人。クラス・カフェは基本的に，週１回行うことにしています。

① 輪になってスタート

まずは椅子だけで輪をつくります。座席配置には様々ありますが，クラス・カフェでは，輪になって話し合います。輪には角もなければ頂点もありません。参加者全員が対等で，上限関係も力関係もないことを象徴しています。

クラス全員で輪になった状態

はじめのうちは，輪をつくることすら時間がかかったり，きれいな輪にならなかったりします。ですが，回数を重ねるうちに短時間で，美しい輪をつくれるようになります。

② 議題提案

教室には「議題提案用紙」と「議題箱」が設置されており，司会者はその中の提案した日付が古いものから議題にかけます。今回の議題は「休み時間のサッカーでのトラブル，悪口」について，タケルさん（仮名）から議題提案されました。

司会者：これから第○回○○会（学級会の名前）を始めます。今日の議題は，昼休みのサッカーの時に悪口を言われて困るから何とかしてほしいということについてです。提案者のタケルさん，何か付け足しはありますか？

タケル：はい。昼休みに大勢でサッカーをして遊ぶことが多いのですが，ミスをすると「何やってんだよっ」とか「下手くそ」などと言われます。

他にも，パスをしないと悪口を言われることもあります。

③　グループで話し合い【5分】

その後，4人または5人のグループをつくって，解決策を話し合います。グループでの話し合いは，クラス全体で話し合うよりも少人数ですので，一人一人が発言する機会が多くなります。つまり，普段はクラス全体で発言の機会が少ない子も，グループではたくさん自分の考えが話せるということです。加えて，大勢の前で話すことが苦手な子も，3～4人の前ならば緊張せずに話せるというメリットがあります。

グループでの話し合いの様子

それでも，メンバーの一部の子ばかりが話をして，ある子は全く話さないという可能性もあります。クラス・カフェを始めた初期の頃は，発言を輪番制にするとよいでしょう。そして，発言することがない場合は「パス」をさせます。全員がバランスよく発言することができるでしょう。

④　メンバーチェンジ　⇒　話し合い【5分】

グループでの話し合いで心配なことは，人数が少ないが故に話し合いが深まらないのではないかということです。人数が多ければ多いほど，多様な意見が出てきます。そして話し合いは，多様な意見が出るからこそ深まりが生まれるはずです。しかし，４，５人程度の話し合いでは，それほど多くの意見が出されることは，まずありません。

そこで，メンバーチェンジを行います。

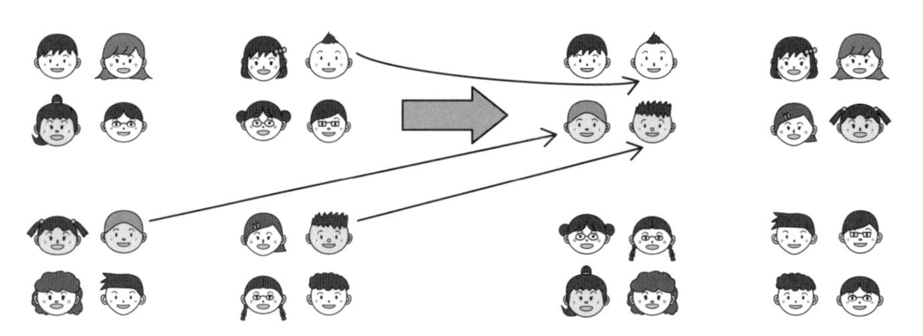

上のイラストのように，グループのメンバーがすべて，別のメンバーと集まるようにします。こうすることによって，子どもたちは前のグループでの情報をもって集まることができます。多くのグループでの話し合いの内容を共有することができるのです。

結果，この回の議題「ちくちく言葉を言われたらどうする？」では，以下の四つの解決策が出されました。

Ａ：繰り返し「やめて」と言う。やめてくれるまで何度も声をかける。
Ｂ：何回か言ってダメなら友達や先生に相談する。
Ｃ：優しく注意をする。
Ｄ：気にしないようにする。

⑤　再び輪になって【25分】

グループでの話し合いで出された四つの解決策について，クラス全体で議論します。

アキラ：僕は，何回か「やめて」と言ってみて，それでもダメだったら友達や先生に相談すればいいと思います。
アカリ：私は今の意見に心配があって，先生に相談すると「ちくったな」とか言われるかもしれないし，友達に相談しても解決しない気がします。
サヤカ：私は友達と一緒に注意した方が安心できるし，一人より大人数で注意した方が，効果があると思います。
タイシ：先生に相談しても，その時だけきちんとしそう。いつも先生が近くにいるわけじゃないし…。

一つ一つの解決策を吟味，検討していきます。それぞれの解決策には，どんなよさがあって，どんな心配があるのかを考えながら話し合います。

この時に気を付けたいのが，議論が“批判合戦”にならないようにすることです。話し合いを深めようとすると，出てきた解決策の心配な点を指摘したり，不都合を批判したりしてしまいがちになることがあります。ですから，子どもたちには次のように語ります。

（実物を持って，あるいは板書して）円柱は向きによって見え方が変わります。真横から見れば長方形，真上から見れば円になりますよね。つまり，同じモノでも見方によって見え方が変わるということです。野球が好きだという人もいますが，ルールが難しいから苦手だという人もいます。

物事にはよい面と，そうでない面の両方があります。マイナス面ばかりを探していても，よい解決策は生まれません。

みんなでよいところを探していきましょう。そして，どうすればよくなるかを考えましょう。

⑥　決定

最後は，解決策の中からどれを採用するかの決定です。実感している方も多いかと思いますが，クラスとしての結論を導き出すこの場面が最も難しいかもしれません。それは，クラス全員が同じ意見に同意することの難しさです。ほとんどの場合，“満場一致”はありません。

では，どのように結論を出すのか。十分な議論がなされたならば，最終的には「多数決」です。終了時間が来た時，どうしても結論が一つにならない時は，多数決が最も公平です。私のクラスでは，次のようなルールを決めています。

○時間が来たら多数決
○どうしても続きを話し合いたい場合（延長もしくは日を改めて）は，司会者からクラス全員にどうするか問う
○クラスの過半数で決定（半数に満たない場合は，上位の解決策で決選投票）

続きを話し合いたい場合に「どうしても」と付けたのは，「限られた時間内に結論を出すこと」を原則としたいからです。話し合いを延長すれば，さらによい結論が出る可能性もありますが，ダラダラと話し合って結局，進展がなかったという可能性もあります。Best の解を出すのではなく，与えられた時間の中で，より Better な解を導き出すことも子どもたちにとっては今後大切な能力だと考えています。

そしてもう一つ，決定場面で大切にしたいのが“折り合う”ということです。多数決によって，一つだけが選ばれ，それ以外は却下されるのではなく，お互いの共通点や妥協点を探していくのです。ただ，この折り合うということは非常に難しく，言われてすぐにできるようにはなりません。まして，教師が折り合うための方法をきちんと指導しないと，身に付きません。これも私のクラスでは，およそ以下のように指導しています。

折り合う方法

1　両方（すべて）の意見を満たすものを探す

・意見Aと意見Bを合わせる。
「カラオケ大会も，劇や手品と一緒に出し物の中に入れるのはどうでしょう」
・意見AにBのよさを加味する。
「サッカーの意見で出た『男女でハンデを付ける』というのは，ドッジボールでもやった方がいいと思う」
・お互いの妥協点を探す。

「一人で出し物をするのは，ちょっと嫌だけれど，グループでも参加できるのなら，やってもいいかな」

2　それぞれを縮小して全部やる

「オセロをやりたい人と，トランプをやりたい人がいるから，両方20分ずつやる」

3　優先順位をつける

「多数決が一番多かったのは出し物だったから今回はこれ。けれどサッカーもたくさん希望があったから，次回はサッカー大会にしよう！」

先ほどの「ちくちく言葉を言われたらどうする？」という議題に対しては，結局

A：繰り返し「やめて」と言う。やめてくれるまで何度も声をかける。
C：優しく注意をする。

二つを合体させ，「優しく，何度も粘り強く声をかける」という結論を子どもたちは導き出しました。

4 クラス・カフェ　その後

「ちくちく言葉を言われたらどうする？」の話し合いが終わり，私は最後に次のように子どもたちに話しました。

担任：クラスに困っている人がいる。今日はその人のために，たくさんの人が真剣に話し合いに参加し，解決策を考えてくれました。こうして誰かが困っている時に，その人のために一生懸命に考えられるクラスは，よいクラスになります。そしてお互いの意見を尊重して，二つの解決策が合体されたことも，私は見ていて「すごいなぁ」と感動しました。これからクラス全員で今日決まったことに取り組んでいきましょう。

さて，この話し合いを経て昼休みのサッカーは，ちくちく言葉の出ない楽しいものへと変わったでしょうか。実を言うと，子どもたちは「そんなこと言わないで」とか「もうちょっと優しく言おうぜ」と解決策を一生懸命に実行したのですが，すぐには変わりませんでした。考えてみれば，解決策は「優しく何度も声をかける」というものですから，悪口を言われてからの治療的なものですし，劇的に効果が表れるような解決策ではありません。まして，サッカーをしていれば，子どもたちはどんどんヒートアップしてきますから，思わず感情が高ぶって厳しい口調になってしまいます。

そこで私は，この話し合い後，時間のある昼休みはグラウンドに出て一緒にサッカーをすることにしました。サッカーがうまい一部の子どもばかりでパスがなされる現状，力の強い子どもの発言でねじ曲げられるルール…こういった場面に口を挟んで，悪口や暴言の出ないサッカーを子どもたちに毎日のように体験させました。すると次第に悪口や暴言が出ることが減り，私がいない時でもトラブルなくサッカーができるようになりました。私は徐々にサッカーに参加する回数を減らし，最後は参加しなくなりました。

ところで，子どもたちはサッカーでのトラブルが減った要因をどう捉えたのでしょう。誰も，「先生が一緒にサッカーをやって注意してくれたからだ」とは受け取りませんでした。多くの子が「みんなで話し合って，解決策を実行した効果が出た！」と受け取りました。

もちろん，私は担任として「最近，サッカーでの悪口がなくなってきたよね。話し合った甲斐があったね」と全体へ可視化し，肯定的な評価を広げました。冒頭で述べた，教師に必要なファシリテーターとしての能力，

> **上から指導や指示をするのではなく，対等な立場で子どもたちの成長を促す**

これが発揮され，クラスが話し合うことの必要性を感じることのできた印象深い場面でした。特に，学級会のような話し合い活動においては，話し合う必要性を感じさせる時，話し合えば問題は改善されると感じさせる時に，教

師のファシリテーターとしての能力が必要になると感じています。

このクラス・カフェが行われたのが7月初旬。新年度がスタートして3か月後です。45分間の話し合いで，私が途中介入した回数は11回。グループで話し合う場面では26名全員の子どもたちが発言をし，全体の場面では18人が発言をしました。介入回数を見る限り，私はかなりの回数，子どもたちの話し合いの途中で口を挟んでいます。否定的な意見が続けば介入し，話し合いがあらぬ方向へ進めばストップをかけます。出るべき場面で，しっかり指導し，子どもたちに任せる場面はぐっとこらえる。前に出てくる場面と，陰で支える部分を明確にすることも，自治的能力の育成には欠くことのできない要素ではないでしょうか。

カフェのようにBGMを流したリラックスできる空間の方がいいアイデアが生まれたりするものです。話し合った内容が文字として見えた方が話す内容が深まることがあります。子どもたちの子どもたちによる，子どもたちのためのクラス・カフェを始めてみませんか？

（畠山　明大）

自ら向上する子どもを育てる学級づくり

授業づくり編

1 パフォーマンス的自由討論と，真の自立した学習者を育成する自由討論

1 自由討論へのプロセス

私のゴールイメージの一つは，国語の授業で充実した自由討論を行うことができる学級集団の形成です。

所謂「自由討論」そのものは，それほど難しいものではないと思います。

私の場合は，次のようなプロセスで討論の授業を行うようにしています。

①討論の軸になる発問を行う。
②立場を明確にさせる。
③立場は変更可能だということを確認する。
④自分の考えをノートに書かせ，教師はそれを確認，評価する。
⑤相談タイムを設ける。
・同じ意見の子ども同士で　　・近くの子ども同士で
⑥全体で討論をする。
⑦自分の考えや感想などを書かせる。

「自由討論」を行う上で子どもに伝える大まかなルールは次のものです。

○発言したい子どもが自分の判断で立って，発表する。
○立っている子が複数いれば，お互い譲り合う。
○発表しない間もメモは取る。

また，自由討論の下地づくりとして次のような学習を日常的に行います。

○ペアでの話し合い

○グループ（班）での話し合い
○席を離れて任意の友達との話し合い

「話題」は，どんなものでもよく，単なる答えの確認でも構いません。

授業の中で，子ども同士で話をするということが当たり前になるように繰り返し，繰り返し行い下地をつくります。

上記のような方法で行えば，おそらくほとんどの授業者が「自由討論」を行うことは可能だと思います（もっと言えば，自由討論をしている授業を実際に見せてもらうことや，ビデオを見ることでより容易になると思います）。

年間を通して何度も討論をこなすことで，上手にもなっていくでしょう。

少人数の学級や，答えが偏りやすい学級などは，最初の頃は発言が続かず，内容も深まらない状況が生まれます。そういう場合は，教師が「誤答」の立場に立つことで，教師対子どもという形の討論を体験させることもできます。

いろいろ書きましたが，ただ単に自由討論をするだけならば，それほど難しいことではないと思います。

ただし，「質」を問わなければ。

過去の反省を込めて書きますが，「質」を伴わない自由討論は教師のパフォーマンスに過ぎません（ただし，全く意味がないとは言いません）。

では，「質」とは具体的に何か。

私の考える質を伴った討論のイメージを羅列すると，以下のようになります。

- **話の中心が大きくずれず，話し合いが続いていく。**
- **発言したい子どもが続出する。それでいて，発言を譲ることができる。**
- **文章を深いところまで全員が理解している。**
- **友達の意見を聞いて新しい考えが出てきたり，考えを変えたりする様子が終始見え続ける。**
- **聞いている子がメモを取ったり，自分の考えを書き続けたりしている。**

・熱気がある。
・休み時間も討論の内容が話題になっている。
・家で調べたり，学習したりする子どもが出てくる。

実のところ私は，討論の授業を通して個の国語力を付けると同時に，集団として影響し合い，高め合う学習集団をつくりたいのです。ただの「仲良し」ではなく，存分に意見を戦わせる力と関係性をもった学習集団です。

言葉を変えれば，有田和正氏がおっしゃっていた「助け合い，磨き合い，牽制し合う学級」の私なりの具現化とも言えるでしょう。

つまり，討論の質を高めるということは，授業だけでなく次の三つの質を高めることと密接にリンクしているのです。

①授業の質（構成，発問等）
②子ども個々の学習者としての質
③学習集団としての質

2 三つの質を高める

(1) 授業そのものの質を高める

討論の授業のそのものの質の中で，最も大切なのは「発問」です。

粗く言えば，発問が次の要件さえ満たせば「討論」を行うことは可能です。

予想される答えが，子どもの中で明確に二つに分かれる。

しかし，それが本当に価値ある討論につながる発問かは話が別です。

例えば，「一つの花」の次の発問をどう考えるでしょうか。

A 「少女は幸せだったか」
B 「少女は幸せか」

C 「少女は幸せになったか」

よく似たこの三つの発問は全く違うことを聞いています。時間軸が違うのです。

当然，討論に向かうための単元計画，つまり子どもたちに読み取らせる内容や視点が変わってくるはずです。

まずは，教師自身が文章を読み込んで主題を掴み，その文章や筆者を調べ明確な教材観をもつこと。その上で，子どもの理解度を測りながら発問を提示する必要があります。

また，その発問や指示が子どもたちにフィットしているか。その発問や指示で1時間熱中して活動できるかということもとても重要です。

実は，恥ずかしい話ですが，数年前から「初発の感想」にやっとこだわり始めました。

以前は「どのくらい読めているのかな」くらいの軽い気持ちで書かせていました。

しかし，最近は「わかったこと，思ったこと，そしてわからなかったことを書きましょう」と，黒板にポイントを提示し，できるだけ時間をとって書かせるようになりました。

特に，「わからなかったこと」を，しっかり書かせるようにしました。

書かせてみると，子どもたちが意外なところでつまずいていることに気付きました。

例えば，テストでいつも100点ばかりとっている子どもが，基本的な語彙や語感，文章の流れをあまり理解できていませんでした。

討論にも参加し，よい意見も言うのですが，その子にまず必要だったのは「討論」や「主題に迫ること」ではなかったのです。

子どもたちが，本当にわかっていないことやわかりたいと思っていることを理解させず，こちらがしたいことだけを押しつける学習になっていないか。

初発の感想を書かせることで，そんな大切なことに気付くようになりました。

現在ももちろん単元全体の構成は大まかに考えてから，最初の授業に臨みますが，子どもたちの初発の感想を読み，もう一度構成をつくり直します。

その時点での子どもたちの理解度や学習者としての高まりを把握した上で，本当に考えさせたいことを「討論」させるのです。

⑵ 学習者の質を高める

いくらよい発問をしても，子どもたちに学習者としての力を付けることができていなければ，充実した討論にはなりづらいものです。

では，教師はどんな力を子どもに付けるべきでしょうか。

「読む力」？ 「話す力」？ 「聞く力」？

私は，実は「書く力」が一番大切なのではないかと考えています。

なぜ「討論」なのに，書く力なのかと思われる方もいらっしゃるでしょう。

討論の授業は，小さなグループでの相談や話し合いとは違い，一人一人が話す機会は限られます。全員が発表できるとは限らないし，発表者が多くても，短い発言でしかつながらない討論が本当に充実しているとは限りません。

では，発表しない子は何をしているのでしょうか。

ただ，ひたすら聞いているのでしょうか。

それはそれで悪いことではありませんが，能動的な学習につながりづらいと感じます。「同意することや，はっとした発言をメモする」「友達の意見から思いついたことを書く」「友達の意見に対する反論を書く」ことで，本当に「全員が参加する」討論が成立すると考えます。

そもそも，「考え」というものは自分で理解，整理し，構成し直して初めて成立します。個としての考えをもっているということは，自問自答できるということとイコールです。

自分の考えを書けない＝書けるような自分の考えをもっていない子どもたちが行う討論は，多くの場合感情表出を中心とした「おしゃべり」の延長にしか過ぎません。

こう考えると，ある程度，質が担保された討論を行うためには「書く」という活動は重視されなければならないと考えています。
書く力は一朝一夕に身に付きません。私は次の方法を重視しています。

○日記
○連絡帳の視写
○最初の感想・最後の感想

何よりも，まずは量を書かせることを大切にします。
小学生期の学習では，量が質に転化することが多いからです。
もちろん，書くことに限らず，「読むこと」「話すこと」「聞くこと」も日常的な活動の中で総合的に鍛えていく必要があります。
学習者の質の向上なくして，討論の充実はあり得ません。
学校に来る子どもの学習者としての質は様々です。
そもそも「よく学校に来てくれたね，ありがとう」と，そこにいるだけでありがたいと思える状況の子も世の中にはいます。
しかし，そんな子も含めた全員の学習者としての質を高めたいと思うのは，教師としての本能です。
最初にも書いたように自由討論自体はそれほど難しいものではないと思います。ただし，「自立的学習者の育成」を目指した質の高い討論となるとその難易度は一気に上がります。子どもたちを能動的で自立した学習者にするための手立ても同時に必要となるからです。
魚（知識）を与えるのではなく，魚の採り方（学習方法）を教える。しかし，その前に，魚を採る道具（学習技能）を与えることは必要なことです。
「道具」である学習技能を高めることを日々授業の中で意識することは，その先に進むための必要不可欠な土台なのです。

(3) 学習集団の質を高める

個の力が付いたからといって，質の高い討論ができるとは限りません。

討論は子ども同士がかかわり合って初めて成立する授業です。

「かかわり合って学習する」学習集団とは次のようなものだと考えます。

○どの子もかかわり合って学習している
○自ら選択した「孤立」を尊重する集団
○助け合う・フォローし合う集団
○失敗すること（試行錯誤）を「許されている」と感じられる集団
○意見が変わることをよしとする集団
○一つのテーマに向かって，意見を戦わせることを可能にする集団
○自分の反論を主張でき，その主張を受け止めることができる集団
○第三者の立場をとる客観的な発言が見られる集団

このような集団を形成するためには，教師がこうしなさいと教えるよりも，「できていることをほめること」がよいのです。

「小さいことを積み重ねることが，とんでもないところに行くただ一つの道だと信じている」。これは，イチロー選手の言葉です。

上のことができていると感じたら，「いいね」と言い続け，クラスの中にその価値を広げていくこと。

教師が上から投下するのではなく，子どもたちの中から出てきたものをほめ，認めることは，子どもたちが自ら先に進もうとする学習態度（能動的な学習）につながります。

それが，「学び合って学習する」学習集団をつくるための，最良の方法だと思います。

3 子ども主体の能動的な学習が目指すもの

単純に「学力を上げる」ということだけに注視するならば，さほど討論に対して重要性を感じません。世間で言うところの「学力」が，暗記，知識に偏っていると感じられるからです。

逆に言えば，暗記や知識注入を重視した学習を効率的にたくさん行えば「学力が上がった」と，多くの人は感じてくれます。

しかし，子どもたちの「学校後」の生活を考えた時，そういった学力が一番だとはどうしても思えないのです。

私が自由討論にこだわる理由は，学校生活の中で次のような体験をさせ，それに応じた力を付けたいからです。

○アウトプットしてこそ知識は活かされるという体験
○子ども同士が濃密にかかわるという体験
○自己選択をするという経験

かつての一斉授業で評価されていたような受動的な学習者。教師の言うことをじっと座ってよく聞いて「わかりました」という子どもたちが社会に出た時に，学校で培った力を発揮する場面は実はそれほど多くないと思います。

一斉授業や受動的な学習も大切です。しかし，やはり上記の理由から主体的，能動的に学ぶことの重要性を考えるのです。

日常的にアウトプットする授業，かかわりながら解決する授業，「聞く・話す・読む・調べる・尋ねる」その方法を自己選択し続ける授業。

自由討論に限らず，「能動的な体験」を積み重ねることが，「学校後」の子どもたちには必要だと考えています。

特に「かかわり合って」学習することを保障する授業は，これからの学校でもっとこだわって導入するべきだと考えています。

社会に出た時に，「個」で完結する場面はほとんどないでしょう。

その形や目標は違っても，集団でかかわり合いながら何かを成し遂げるという図式は変わらないはずです。

アイデアが，商品としての具体的な形をもち，生産され販売されることで価値を初めてもつように，個々のもつ「考え」もアウトプットされてこそ，初めて価値をもちます。

また，アウトプットされた「考え」は，外にさらされることで磨き上げられその価値をより高めていきます。
　教室がそれを実現させる場として機能するからこそ，初めて多様な子どもたちがそこにいる価値があるのではないかと思うのです。
　教える人がただの知識注入装置としての役割しか果たさないとすれば，学力を一番高めるのは，個に対応することに特化した個別指導の塾や家庭教師という結論になります。しかし，知識を注入され，決まった答えを出すことが，本当に子どもたちの未来に必要とされていることでしょうか。
　これから子どもたちが生きていく社会は，おそらく私たちが経験したことのない社会になるはずです。ここ数十年の社会の変化を鑑みても，過去の価値観から出発しつつも，新しい価値観を躊躇なく得，また試行錯誤していくことが必要な社会になるのではないでしょうか。
　今までこうだったから，これからもこうしなさいといって教え込むことは，それほど正しい選択だとは思えません。
　自分のもっている価値観を柔軟に変化させながら，新しい思考を生むモデルを授業を通して体験させる，そんな「思考のうねり」が感じられる学習集団を形成することそのものに大きな意義があります。
　少し話題がずれますが，自由討論や協同的な学習では，所謂「特別支援」が必要な子どもがあまり困らないケースが見られます。
　動き回れる。かかわり合える。自分で方法を選べる。自分が興味をもったことに注目できる。そんな活動的で自由度の高い学習を行うことは，支援が必要だと言われる子どもたちが，逆に他の子どもたちにとっての「お手本」となる可能性を秘めています。
　子どもの可能性を見いだし，集団の中で自信をもって生きていく自信を付けることも「自立的学習者」の在り方を保障します。
　社会そのものや教育をとりまく環境が大きく変化している今、自由討論などのように，授業の主導権を子どもに預け，子どもたちが学び合う学習を試行錯誤しながら進めていく学習が必要なのです。

4 一斉授業の質で，土台をつくる

3では，子どもの主体性，能動的な学習の重要性を書きました。

しかし，学習規律や学習技能はすべての授業での足場となるものです。

「個としての力」が身に付いた子どもたちと，そうでない子どもたちが行う能動的な学習は，到達する場所に大きな差があります。

子どもの質に甘えた偶然性に頼ってはいけません。それは一斉授業の中で確実に積み上げるべきものです。

例えば「辞書を使う」「百科事典を使う」という学習技能を鍛えるには，どこかでこちらが教え，鍛えるという意識が必要です。

教師が教える前に辞書を使える子どもが偶然辞書を使うかもしれません。しかし，教師が「それは大切だ」と明確に基準をもっていなければ，評価し，広めることはできません。

教室に辞書や百科事典を常備し，使いたくなる，使わざるを得ない状況を生み出すような布石を打つ方法もあるでしょう。

子どもたちに主導権を預ける授業をする前に，高い峰に登らせるだけの「装備」をどれだけもたせることができるかは，教師の日常的な一斉授業に委ねられています。

5 1年間の学級や子どもの育ちを理解する

学級にとっての1年間は，決して同じように流れていきません。

多くの場合，畑の作物のように学級や子どもたちは育っていきます。

> 4月から6月………土を耕す。種を蒔く。水を必要なだけやる。
> 7月…………………一度目の収穫。

９月……………………もう一度土を耕し，種を蒔く。
10月から12月………多くの作物が，実を結ぶ。
１月から３月………来るべき春に備え，どんな種を蒔いても大きく育つように，土を作る。

蒔かない種は芽吹くことはありません。

よい種を蒔けば，よい作物が収穫できるし，望んでいない種を蒔けば，望んでいない植物が芽吹くでしょう。

何も蒔かなければ，手がつけられないほど雑草が生え続け，硬くなった土では，豊かな作物を実らせることはとても困難になります。

４～６月の時期に，土を耕し（学級文化，学習文化の創成），種を蒔く（学習規律，学習技能）ことに多くのエネルギーを注ぎ続けます。

収穫を焦らず，ひたすら種を蒔き，注意深く肥料と水をやり，見守る。

それが十分ならば，７月に１回目の収穫（成長）の時期が訪れます。

そして，９月にもう一度，必要なだけ土に肥料をやり，雑草を抜き，また，収穫が終わった隙間に新たな種を蒔く。

そうすることで，10月から11月に，本格的な収穫（成長）の時期がやってきます。

早い段階で「できない」と焦らず，望み通りにいかないことに失望せず，丁寧に丁寧に，そしてできるだけのことをしていく。

人間も植物も，しっかり根を張らなければ大きく育ちません。

１学期に，しっかり根を張らせるようにすることを一番に考えながら，学習集団をつくっていきます。

どんな作物を育てたいか，どんな畑にしたいか，明確な意図と方向性（ゴールイメージ）をもって，日々の指導に当たれば，いつしか担任にしか見えなかった「幹」が子どもたちにも見え始め，大きな実をつけるのです。

6 子どもたちのどのような部分を伸ばしていくのか

子どもに委ねる授業をしてみるとよいと思います。

おそらく一斉授業だけでは見られない姿が見られます。それは，はっとした驚きと失望を伴っています。

自由討論を通じて，教師は多くの子どもの可能性に気付くと同時に，本当に鍛えていかなければならないものが見えてくるようになります。

うまくいっていないことがはっきりとわかるからこそ，試行錯誤が生まれます。

そして，その試行錯誤は，子どもたちの自立した学習者としての資質と，教師自身の自立した授業者の資質を高めることにつながります。

それは，日常での一斉授業の見直しにもつながります。

ただ教科書にある知識を注入して，これでよし！という授業ではダメだということに行き当たります（それも簡単なことではないのですが）。

毎日の授業の中で，知識を教えるだけでなく，子どもたち一人一人にどんな面があるのか，そしてどのような部分を伸ばしていきたいのかを意識する。

その上で，そのクラスでどんな学びの空間をつくったらいいのか。

チームという言葉をいろいろなところで耳にすることが増えてきました。

しかし，それはイベントを行うためのチームではなく，日常のよき学びをつくるためのチームであるべきだと思います。

文章では書ききれない多くの示唆を，自由に学習し始めた子どもたちは与えてくれます。

そんな子どもたちの自立した姿を想像しながら，また，私自身も日々迷い，試行錯誤し，しかし小さなことを積み重ねていける自立した授業者でありたいと思っています。

（南　恵介）

2 教科における学び合いによる自立的学習者の育成

1 自立的学習者とは

早速ですが，質問です。みなさんは，子どもたちにどういう大人になってほしいと思いますか。次のＡかＢから選んでください。

Ａ　誰にも頼らず自分一人で生活できる人
Ｂ　困ったら周りの人に助けを求めることができ，また，困っている人がいたら手を差し伸べ，助け合いながら生活できる人

みなさんはどちらでしょうか？　私はＢを選びます。

情報化社会の発達，産業構造の変化，度重なる災害などにより，現在，社会の仕組みや私たちの価値観は大きく変化をしています。かつては，自分一人で生活できる大人を育てるということを日本社会が求め，それに答えるべく学校教育が行われてきたように思われます。しかし，現在はその社会的な価値観が変わってきたと感じています。その証拠に，2015年の OECD の学習到達度調査から，「協調型問題解決力」を測る調査が新たに加わります。また，企業に新入社員に求める力を問うアンケートでは，上位に「コミュニケーション能力」がランクインされます。社会はＢのような，周りの人と支え合いながら生活できる大人を育てることに教育の価値を置き始めています。

このようなことから，私は「自立する」ということを，Ｂのような人になることであると捉えています。

とはいえ，以前からも学校教育の場では，仲間と協力し合いながら生活することに価値を置いていました。しかし，それは学校生活の場においてです。学級活動や委員会活動，行事等で先生方は，「みんなで協力し合いましょう」

「困っている人がいたら助けてあげましょう」などと子どもたちに呼びかけ，その姿を評価してきました。しかし，授業の場ではどうでしょうか。

授業では，一人で読みとること，一人で考えること，一人で書くことが求められることが多くありませんでしたか。先生の指示・説明通りに動くことが求められることが多くありませんでしたか。隣の子と話をしていると注意されませんでしたか。

もちろん，最終的には一人でできるようになることを目指しますが，その過程においてはわからないことをわからないと言い，わからないから教えてと頼んだり，困っていることがあれば手助けをしたり一緒に考えたり，そういうことが自然とできるようなことがあってもいいのではないでしょうか。いや，むしろ，そういうことができる人になってほしいと思いませんか。

つまり，学校生活の場で目指されている姿を授業の場でも同じように目指していくということです。

2 自立的学習者集団の風景

(1) 授業の様子

意見文を書く授業の様子です。

「ねえねえ，ちょっと導入で悩んでいるんだけど，相談にのってくれる？」
「う〜ん，その主張なら自分の体験から始めたらどう？」
「そっか！　そうしてみるね。サンキュー」

「私の作文読んでくれる？」
「具体例が弱いと思うよ。もっとわかりやすい具体例を出したら？」
「ありがとう！　図書館に行ってくるね」

単元１時間目でインストラクションをした後は，子どもたちは協力し合いそれぞれの意見文の完成を目指し学習を進めています。自分の文章には執筆者として，そして仲間の文章には編集者の立場として学んでいます。意見文の主張が読者により伝わることを目指して協力し合う雰囲気が学級に広がっています。

⑵ 生活の様子

帰りの会の一コマです。

「来週の放課後みんなで○○公園で遊びます。来れる人？」
「そっかあ，なかなか集まれないなあ～…どうする？」
「火曜と木曜日が多かったから両方やったら？」
「オッケー！ そうしよう。火曜と木曜日に遊びます。学校終わってから30分後に集合で～す。みんな来てくださいね」

学校が終わってからも学級の仲間とよく遊びます。男子も女子も区別なく，学級のみんなに参加を呼びかけています。もちろん，参加できない子もいますが，常に門戸が開かれ，いつでも参加できる安心感があります。

学び合う学級では学校生活でも，放課後でも自分たちで活動をつくっていく力を育んでいきます。

3 学び合う授業のつくり方～目標と学習と評価が一体化した授業～

⑴ 学級をチームにするイメージをもつ

どのような学級にしたいかというイメージはみなさんおもちでしょうか。明るい学級，仲良しの学級，協力する学級などなど，こうなってほしいなあ，こうありたいと願いをもつことは大切だと思います。

私は学級が「チーム」になるというイメージをもっています。

「集団」や「グループ」と「チーム」との違いは，「チーム」には目標があるということです。サッカーの日本代表チームはブラジルワールドカップベスト４という目標を掲げていましたね。また，企業では，商品開発を目標にしたプロジェクトチームがあったりします。

学び合う学級づくりにも，しっかりとした目標をもつ「チーム」になるというイメージをもちます。そうすることで，学級が一つの課題解決を目指す集団となり，目標達成のために協力し合いながら活動を進めることができるようになるのです。

⑵ 学級目標を大切にしていく

では，学級での目標とは何を指すでしょうか。もちろん，それは学級目標です。春に学級目標をつくりますよね。

新学期，全国各地の学校で学級目標がつくられます。しかし，１年をかけて学級目標を大切にし，学級目標実現のために活動が行われている学級はそう多くないように感じられます。学級目標がただの標語のようになり，教室の掲示物の一部になってしまっている学級は結構多いのではないでしょうか。

「あなたの学級の目標って何？」って聞かれて子どもたちがすらすらと答えられる学級は，学級目標がしっかりと共有されている学級だと思います。子どもたちが大切にしたいと思える学級目標をつくるために，春にじっくり時間をかけて子どもたちと一緒に学級目標をつくりたいものです。

私たち学級担任は学級目標を目指すチームの一員であり，常にチームの状況を冷静に判断する評価者でもあります。時には，このような問いかけも必要です。

「みなさん，今私たちの学級は学級目標に向かっていますか？」「学級目標がピンチです！」など，このような問いかけ（評価のフィードバック）を行い，チームが目標に向かって正常に機能しているかを子どもたちに返していきます。このような積み重ねが学級目標を大切にしていく集団をつくっていくのです。

⑶ 学習のめあて（目標）を共有し，実現を目指す

目標達成に向け，学級が協力し合いながら活動を続ける学級を実現させる

ためには，目標を共有することが重要です。担任だけが目指しているのではなく，一部の子たちだけが目指しているのではなく，担任と子どもたち全員が目指している目標です。そして，その目標実現のため一人一人が責任を分担していくという思いとシステムをつくっていきます。目標達成のために行動する責任が自分自身にもあり，同じ思いをもつ学級の仲間と協力していくのだという思いをもてるようにします。これが目標を共有している状態です。

では，どうしたら目標を共有するようになるのでしょうか。

それは，チーム全員でその目標に向かうことを確認し，ことあるごとに目標の達成状況を評価していくことです。

例えば，学級でトラブルが起きた時，学級目標に照らし合わせ評価し，今後の対応をみんなで考えます。また，行事等でうまくいった時，「学級目標に一歩近づいたね」とみんなで目標に近づいていることを喜び合います。

このように，常に学級の状態と学級目標とを照らし合わせていくことで，目標の共有化が進み，目標の実現を願う集団が形成されていきます。

では，授業ではどうでしょうか。

授業では授業の始めに本時の学習目標を確認します。小学校ではめあてと表現することが多いでしょうか。

学級目標同様，この目標を達成しようという思いを担任と子どもたち全員が思えるようにしていくことが重要です。

よく，「学習課題を子どもたちが見つけられる授業でないとダメだ」「いや，すべての授業で子どもたちから学習課題を引き出すなんて無理だ」などと話題になることがあります。しかし，今私が言っているのはこの議論とは別な次元の話です。

授業の導入で重要だと思うのは，みんなで目標を共有することです。一人一人がその目標を達成させることを目指し，学級の仲間，みんなができることに対する責任を分担する思いをもつことができるかということです（その上で子どもが課題を見つけるとか，子どもが学習する価値を感じるということなどがあるといいなと思います）。

その目標をつくる上でのポイントは,「みんなが」や「一人一人が」など学級のみんながその目標を達成することを目指すのだとメッセージをこめることです。「自分一人ができればいい」のではなく,学級の一人一人みんなができることを目指すチームとして学習をしていきます。例えば,「一人一人みんなが,公倍数の求め方を説明できる」のように表現します。「一人一人」や「みんな」を入れることで学級の学びが促進されていきます。

(4) 学習活動の方法は様々

世の中には,様々な教育方法があります。一斉授業と交流型授業（学び合い）が対立軸として挙げられたり,交流型授業であっても「協同学習」の授業と「学び合い」のように構成的か非構成的かという対立軸が挙げられたりし,そのどちらがよい悪いと話題になることもあります。私はどのような授業の型がいいとか悪いとかはないと思っています。子どもたちの状況や学習内容,学校行事との兼ね合い等,様々な要因をもとに,今ベストだと思う方法で授業をデザインしていくことが大事だと思っています。

私が何よりも大切だと思うのは,

授業の目標と学習と評価が一体化

しているかです。

子どもたちと共有した目標に対する授業の評価（評価内容・評価方法・評価規準・基準など）が矛盾していないか。そして,その目標と評価に対して行う学びが一致しているかです。

例えば,目標が「六角形のひみつを調べよう」という算数の授業があるとします。子どもたちは六角形をノートに書きながら,一人で考えたり,班の仲間と話し合ったりして調べます。授業の最後に,先生がある子を指名して黒板の前で説明するように指示します。

実はこれ,目標と学習と評価が一体化していない授業です。なぜならば,子どもたちは「六角形のひみつを調べよう」という目標に向き合い,六角形のひみつを調べています。それにもかかわらず最後に説明をするように指示をしています。目標と評価が一致していませんよね。子どもたちにしてみたら「最後に説明させるのだったら，始めから言ってくれよ」という思いをもつのではないでしょうか。

では，どうしたらよかったのでしょうか。

目標を「六角形のひみつを説明できるようになる」としたらどうでしょうか。子どもたちは六角形のひみつを調べ，そして，そのひみつを説明できるようになることを目指して学んでいくはずです。これが目標と学習と評価が一体化した授業です。

この目標と学習と評価が一体化した授業デザインをベースに，班での話し合いを取り入れた授業，ワールド・カフェの手法を取り入れた授業や，ホワイトボードミーティングを取り入れた授業などなど，学習内容や子どもたちの実態を見て，授業者が最善だと思う学習の方法を取り入れていけばいいのだと私は考えています。

(5) 評価

評価というと，なんとなく冷たいイメージがあります。私は授業であたたかい評価をしたいなあと思っています。評価とは本来，子どもたちが自分たちの現状を知り，そして学ぶためのやる気を出すためのものだと考えています。

大学院の研究の一環として，様々な授業を分析する機会をもちました。その中で発見したことの一つに評価があります。子どもたちがいきいきと学習している学級は，この評価をたくさんしているということです。

「よくできているよ」「うんうん，いいね」「おおっ！先生，思ってもみなかった。それすごいアイデアだね」「〇〇さんの考え素晴らしいから，他の人にも聞かせてあげようよ」などなど，子どもたちが学習しているところを回りながら，目標に対する評価を加えていきます。もちろん，「それは間違いだよ」とか，「う～ん，それはめあてに合ってないなあ」など目標に向かっていなかったり，達成状況が芳しくなかったりする場合はそのことを指摘する評価もありますが，それ以上に，よさを認める評価が多いのです。さらに，先生の感動をボディーランゲージを加えながら伝えるという姿が見られます。

授業の途中では，子どもたちの学びが授業の目標に向け，促進されるような評価を心がけることが重要です。

また，子どもたち自身，そして子どもたち同士が評価できるようにしていくことも大切です。自分の学びが目標に向かっているのか，達成状況はどれくらいかを自己評価できるようにします。また，お互いの状況を評価し合える関係をつくることも大切です。そのためには，何に向かって学習すればいいのかが明確な目標であることが必要です。

そして，授業の終わりには，目標の達成状況を測る評価をします。やりっぱなしにならないように，きちんと評価をします。その評価の方法は授業の始めに学級全体で共有しましょう。授業の最後に子どもたちが評価方法を知るような「後出しじゃんけん」の評価は避けるべきです。

4 学び合う授業の様子

それでは，具体的に授業の様子を紹介します。

私は，学級の始めの春は構成的な学習デザインの割合が高く，学級の様子を見ながらだんだんと非構成の割合を増やしていくイメージで授業を行っています。

構成的な学習デザインにする理由は，授業の流れを安定させることです。子どもたちは自分たちで学ぶ力はもっています。しかし，自分たちが任される授業には慣れていないのが春先の状況です。よって，子どもたちが自分たちで学ぶ力を発揮できるようにまずは構成的な形で学習を進めていきます。また，構成的にすることで男女関係なく，普段の仲良しであるなし関係なく学び合えるようにするという目的もあります。

⑴　初期の授業～社会科　「あたたかい地方のくらし」～

　みんな，バスで県外に旅行したことある？　バスで移動している途中って暇？　先生ね，結構楽しいんだよね。外を見ていると，いろいろな発見があるわけ。「ああ，何でこの県はこんな標識があるんだろう？」とか，「この県の家はこんな工夫がしてあるんだ！」とか景色を見ているとワクワクしてくるんだよね。バス移動の時に「まだかなあ～」と暇そうに過ごすよりも，「面白いなあ～」って過ごせた方が幸せだと思わない？

　これから社会の授業でいろいろな地方のくらしなどを学んでいくんだけど，たくさん発見をして，僕たちのくらし以外のことにも興味をもてるようになるといいよね！

　子どもたちとのやり取りや，具体例など省略している部分がありますが，このような形で導入の話をします。これは，子どもたちとの間で学びの価値を共有することが目的です。ポイントは，一方的な価値の押し付けにならないよう，語りかけながら子どもたちのうなずきなど反応を得られるようにすることです。

（沖縄県の画像を大型テレビに提示）

　この写真を見て，どこの県だと思う？

　子どもたちは「沖縄！」と反応します。

　そう沖縄，正解‼　すごいね。じゃあ，次の写真ね。沖縄に行くとこんな家が多いんだよね。

「あっ，家の上にタンクみたいなのがのっている」

「コンクリートの家ばかりだ。先生，マンションなの？」

などと子どもたちから声が上がります。さらに，伝統的な家の造りの画像を提示して，子どもたちの反応を引き出します。

沖縄の人たちの家って僕らの家と随分違うねえ。だからさ，今日の学習はこれをめあてにやろうよ。

「沖縄の家の特ちょうや工夫を三つ以上説明できる」

という感じでめあてを設定します。その際意識するのは，子どもたちと目標を共有するという視点です。

じゃあ，補足の説明をするよ。

ゴールは，活動の最後に10分間時間をとるので，ノートに説明をまとめることです。書き方は，黒板に書いてある通りです。必ず，「台風」と「水」と「暑さ」というキーワードを入れてくださいね。この三つのキーワードを入れること，三つ以上の特徴や工夫を書くこと，その際なぜそのような特徴や工夫があるかの説明を入れることを忘れないでください。これが書けて合格の○です。そして，先生を感動させる説明を書いた人は◎です。

学習の形態は，班です。班のみんなができるように学んでね。だからと言って，他の班の人たちも当然仲間ですので，他の班の人たちに相談してもオッケーです。使う道具は教科書・資料集，あと教室にある本など何でも使っていいです。時間は，20分です。

質問はありますか？　では，始めてください。

ここで説明しているのは，「評価の方法」，「評価規準・基準」，「活動の流れ」，「活動の形態」，「活動の時間」です。子どもたちが学び合う学習はこのように目指す形と活動の枠組みをきちんと説明することが重要です。

〈ノートのまとめ方を説明する板書〉

沖縄の家の特ちょうは三つあります。

一つ目は～です。沖縄は台風が多いため，強風から家を守るために～

二つ目は

三つ目は

このように，沖縄の人たちは，沖縄の気候に合わせて…。
※「はじめ—なか—おわり」で書く。「ナンバーリング」を使う。

このように，始めのうちはまとめ方を黒板に例示します。まとめ方は技術です。技術は知らなければ使えません。よって，教えるべきことは教えるということが肝心です。

子どもたちはこのように学習の見通しが立つとグイグイと学びを進めていきます。

「ねえねえ，ここにタンクの説明があるよ」

「キーワードが暑さなんだけど，暑さ対策の工夫ってある？」

「あ～これって，こういうことなんじゃない？」

子どもたちの学習が始まれば，教師の一番の役割は評価です。子どもたちの学びの様子を観察し，評価を加えていきます。

（身振り手振りを加えながら）
おおっ～！　すごい!!!　そんなことにも気付いたの？

上の教師の言葉は，「その学びでいいんだよ」ということと，「先生を感動させるような学習をしているんだよ」というメッセージを子どもたちに伝えています。

（教室中に聞こえるような声で）
ほお～，なるほど～家の上のタンクは水を溜めているのかあ～。

このように，一部で行われている学びを学級に広めるために大きめの声で全体に可聴化するという評価方法も使います。また，この可聴化の他にも黒板を利用して，子どもたちの意見を見えるようにしたり，学習の進捗状況をネームプレートで掲示したりする可視化の方法があります。

（活動の終わりを知らせ）

では，ノートにまとめます。時間は10分です。どうぞ。

子どもたちは黙々とノートに学習のまとめを書きます。最後に，誰にあたるかわからないくじを引き，あたった人に発表してもらいます。誰があたるかわからないということは，教師が学級の仲間全員ができることを目指しているというヒドゥンメッセージでもあります。

(2) 様々な学習形態へ

子どもたちの様子や学習内容に合わせて様々な学習形態にチャレンジしてみましょう。

子どもたちの学びが深まってくると，「この説明文の作者の工夫を説明できる」というめあてで30分間途切れることなく話し合いが続いたり，理科の実験では，課題を解決するために自分たちで方法を考え，実験をするようにもなります。このように非構成な学習形態でも子どもたちは学びを進められるようになっていきます。

学級の様子も変わっていきます。自分たちの学級の状況を評価し，自分たちで活動内容を考え，活動を進めたり，自分たちで新たな遊びを開発したり，教室のレイアウトを考えたり，自立的に活動する姿が見られます。

もちろん，これには学級活動の視点からも学び合う環境設定をしていくことが大切です。子どもたちを信頼し，子どもたちに任せる場を設定し，あたたかな評価をフィードバックし続けます。

学級づくり・授業づくり両方の視点から子どもたちの力を伸ばしていくこと，これが自立的な学習者を育成するということになるのです。

（大島　崇行）

3 授業における自治的能力を育む，生徒主体の授業改善活動

1 あの指導は本当に「生徒のため」だったのか

「先生が学級担任だったらよかったのになぁ」
「授業中に面白い話をしてくれるから，先生の授業は楽しいです」

みなさんは，こんな言葉を生徒から言われたらどう感じるでしょうか。この言葉がどんな状況で言われたかにもよりますが，多くの方は「自分の頑張りが報われた」とうれしい気持ちになるのではないでしょうか。私は教職に就いてから数年間は，このような言葉を言ってもらえたことはありませんでした。教育書をたくさん買い込んで，そこに書かれていた指導を模倣し，優れた授業実践を追試する日々を過ごし，教員生活10年目を迎えようかという時に，こういった言葉を聞けるようになったと思います。最初は，「自分は授業も学級経営も一通りマスターした」，「他の先生方よりもうまく指導ができている」などと不遜なことを考えていました。しかし，自分が学級担任をしていた時にはいきいきしていた生徒が，クラス替え後に新しいクラスになじめずに悩んでいたり，卒業生が高校進学後に勉強面や人間関係で悩み，不適応を起こしたりしている現実を目の当たりにして，冒頭の言葉を聞いても「ほめ言葉」だとは考えられなくなりました。

それまでは，授業においても学級づくりにおいても，担任である私が強烈なリーダーシップを発揮してクラスをまとめ，目標に向かって努力をさせていました。傍目にはクラスがよくまとまり，行事では優秀な成績をおさめ，生徒たちは達成感を感じているようにうつっていたと思います。また，授業中もクラスに笑いが溢れ，楽しい雰囲気で授業は進み，各種テストでは他教

科をしのぐ成績を残していました。しかし，これらの成果，クラスの雰囲気は学級担任である私がつくりあげたものであり，私なしでは成り立たないものだということに気付かされたのです。実際に，私の授業では落ち着いて学んでいた生徒たちも，他教科では授業態度がよくないと先生方から指摘されていました。

生徒たちによかれと思っていた指導の数々は，教師への依存を高める，「自立」，「自治」とは正反対の指導でした。教師がリーダーシップを発揮し，学級の秩序を維持すること自体は悪いことではありません。上越教育大学の赤坂真二氏も，『スペシャリスト直伝！　学級を最高のチームにする極意』（明治図書，2013）の中で，学級づくりを四つの段階に分け，初期段階の教師の指導性の重要性を説いています。私の指導の問題点は，「教師の指導優位期」で満足し，生徒たちが自己決定できるような自由を与えてこなかった点にあります。いつまでも生徒を子ども扱いし，担任が子離れできていなかったために，結果的に「授業は先生がやってくれるもの。先生の指示に従っていればいい」という受け身の学習姿勢や，「授業態度が悪い人は先生に叱ってもらおう」といった他律的な授業態度を教え込んできたことになります。

そこで，私は「勉強は先生にやらされるものではなく，自分たちが自分たちのために行うもの」という学習への主体性と，「よりよい授業態度を自分たちの手でつくりあげる」という，授業に対する自治意識を育てる振り返り活動に取り組みました。

「授業の振り返り活動」と名付けた本実践の最大の特徴は，

- **振り返りの対象が，学習態度や仲間とのかかわり方などの学び方である**
- **次の学習単元で取り組むべき，学習態度を生徒自身が決定する**

という二点にあります。

2 授業の振り返り活動プログラム

振り返り活動は大きく分けて，以下の三つのステップからなります。

①クラスのみんなが，学習内容を理解するために役立った仲間の言動を探す
②次の学習単元でも全員が学習内容を理解するために，クラスみんなで取り組みたい言動を考える
③各グループのアイデアを検討して，クラスみんなが次の学習単元で挑戦する言動を決める

ステップ1では，それまでの学習活動を振り返り，自分たちの学習態度を自己評価させます。このステップは，その後の話し合い活動の雰囲気づくりも兼ねていますので，悪いところに目を向けさせるのではなく，

クラスやグループのみんなが学習内容を理解するために，役立った言動を挙げよう

という発問をしています。互いによいところをほめ合うことで，親和的な雰囲気をつくり出すとともに，望ましい授業態度の行動モデルを増やし，他の生徒が真似しやすくするというねらいもあります。

グループでの話し合いに先立ち，プリントなどを用いて，必ず個人思考の時間を確保します。その際には，教師の介入を減らすことが原則ですが，活動初期においては，積極的に声かけをして，仲間のよいところを書きやすい雰囲気づくりを心がけています。

グループでの話し合いやクラスでの共有で，発表がうまくいかないことがありますが，それも現在のクラスの課題と捉え，「次回はしっかりと発表できるグループ（クラス）になろう！」と励ましたいものです。

ステップ1　仲間のよいところを探そう‼

活動の流れ	指導のポイント，具体的な声かけ
活動の説明	・「目立つ行動ばかりでなく，『当たり前』にできているよいことにも目を向けよう」 ・「誰が聞いても，その様子が想像できるように『いつ，誰が，どんな言動をしたのか』を意識して書こう」
個人思考（3分程度）	・積極的に生徒の記述を見て回り，邪魔にならない程度に「すごい！　○個書けている」や「これは先生もいいと思うな」などと声をかけ，あたたかい雰囲気づくりをします。 ※活動が軌道に乗ってきたら，教師の介入は減らします。
役割分担	・司会や発表，記録などの係を必要に応じて設定しましょう。役割は固定せずに，いろいろな役割を経験させることが望ましいです。
グループ活動	・発表者が偏ったり，発言力の強い生徒にグループの意見が左右されたりしないように，時計回りで一人一つずつ発表をさせるなど，発言の均等化を図ります。
クラスで共有	・2～3グループをランダムに指名し，発表係に「クラスみんなにグループ内で出た意見を伝えてください」と指示します。そうすることで発表者は聞き手を意識して話すようになり，聞き手は「自分に向かって発表してくれている」と感じ，しっかりと聞くようになります。

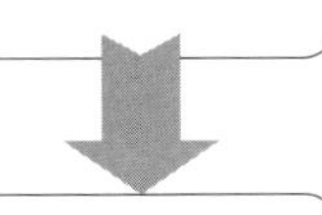

ステップ2では，ステップ1でつくり出したあたたかい雰囲気を保ちつつ，今後取り組むべき言動について話し合いを進めていきます。中心となるのは，

クラスみんながもっと授業内容を理解するために，挑戦したい言動を考えよう

という発問です。「自分たちの直すべきところを挙げよう」という問い方では，個人攻撃ともとれる意見も出てきてしまいますし，互いに課題を言い合える雰囲気が醸成されていない学級では，当たり障りのない意見しか出てきません。あえて言い方を変えることで，間接的に自分たちの課題に向き合わせ，マイナス思考ではなくプラス思考で考えさせることで，クラスの実態に即したアイデアが出てくるようになるはずです。なお，2回目以降の振り返り活動では，ステップ2の冒頭で前回目標の評価を忘れずに行うようにします。私は一人一人にクラス全体の達成度を，挙手によって評価させています。過半数が達成できたと評価すれば新しい目標を，達成できていないと評価すれば，前回目標をより具体化した下位の目標を設定する作業に移ります。

個人思考はステップ1と同様ですが，必ず理由も含めて記述させるように指示します。なぜなら，「望ましい行動」を考えるように問うと，生徒たちは自分自身では価値を見いだしていない言動でも，「世間一般で期待されている行動だから」という理由で意見を決めてしまいがちです。そのような時に，「どうして，その言動がクラスのためになるの？」と問い返すことで，今のクラスの現状を見つめ直し，「自分たちが取り組むべき価値のある言動は何なのか」を考えられるようになると思います。

グループ活動では，ステップ1とは違い，全グループに発表してもらうことを告げ，「発表係が安心して発表できるようにしてあげることが，グループの団結力の表れだ」と積極的な協力を促します。なお，発表された意見は板書したり，ホワイトボードで掲示したりするなど，可視化しておきます。

ステップ2　挑戦したい言動を考えよう‼

活動の流れ	指導のポイント，具体的な声かけ
前回目標の評価	・初回の活動では，すぐに個人思考に入りますが，２回目以降は必ず，前回決定した行動目標について自己評価をさせます。
活動の説明	・「なぜ，その言動がクラスのみんなの役に立つのか，考えながら書いていこう」 ・「クラスの一部の人ができていて，全体に広がっていってほしい言動でもかまわないよ」
個人思考（３分程度）	・ステップ１と同様に，生徒の記述に対して「これがクラスに増えたらきっとよいクラスになるね」，「具体的に書いてあってイメージしやすいね」などと，価値付けをしてあげましょう。
グループ活動	・発表の際には，必ず理由を付け加えることをルールとします。理由がはっきりしていることで，その後の合意形成が図りやすくなる，という利点を伝えます。
クラスで共有	・各グループで一つに絞られたアイデアを，その理由とともに全グループの発表係に発表してもらいます。 ・ホワイトボードがあると，そのまま掲示することができるので，おすすめです。

ステップ３では，各グループから発表されたアイデアの中から，次回以降の授業で取り組みたい行動目標を決定します。話し合いに入る前に，似たようなアイデアは生徒の意見を聞きながら一つにまとめ，話し合いが焦点化できるようにしておきます。このステップで重要になる発問は，

出されたアイデアを実行するにあたって心配事はないか検討してみよう

です。活動初期にグループから出される意見は，理想論に走った実現の可能性が低いものや，達成を意識するあまり過度に低い水準のものが出されることがあります。また，仲間との交流に不安を抱えている生徒に対する配慮に欠けたものもあります。そこで上のような問いかけをし，グループ内で話し合わせることで，「〇班のアイデアは，すでにほとんどの人ができている」や「△班の目標を達成するためには，まず□□ができるようにならないとダメだ」，「みんなで教え合いをしても，教えてもらえない人が出るかもしれない」といった意見が出されます。ここでしっかりと意見を表出させることで，話し合い活動へのクラス全員の参加度が高まり，決定事項に対して遵守の気持ちが強くなると考えています。また，アイデアのマイナス面にも思考をめぐらすことで，物事を多面的に捉える視野の広さも養えるのではないでしょうか。

合意形成の段階では，グループの人数＋２票が取れなかったアイデアは候補から外していき，過半数の賛同を得るアイデアが出るまで，採決を続けます。その際に，候補から外されるアイデアに対し，「とてもよいアイデアだったけれど，今のクラスにはまだ早かったのかもね」，「次回以降に採用されるかもしれないね」などとフォローの言葉を入れるようにしています。そうすることで，多数決で決まったアイデアだけが優れているわけではなく，クラスみんなのために考えた各グループの意見すべてに価値があることを伝えることができ，少数意見を尊重する雰囲気が育つと思います。

ステップ３　クラスみんなで取り組むべき言動を決めよう‼

活動の流れ	指導のポイント，具体的な声かけ
活動の説明	・各グループから出されたアイデアを検討し，過半数の賛同を得られた意見を次回以降の目標に決定します。 ・グループの人数＋２票を得られなかったアイデアは候補から外していきます。
グループ活動	・５分ほど時間をとり，他グループのアイデアに対し，心配な点や質問を出し合います。
クラス共有	・各グループの発表係に発表させ，出された心配意見は黒板やホワイトボードに書き込んでいきます。 ・時間に余裕があれば，出された質問に対しては，該当する班の生徒たちに返答をさせます。
合意形成	・挙手に先立ち，グループの意見に固執する必要はないこと，今のクラスに必要なアイデアに挙手するように伝えます。
目標の決定	・過半数を得たアイデアを読み上げ，クラス全員の拍手をもって正式な目標として決定します。 ・決定されたアイデアは，教室正面の目につきやすい場所に掲示するなど，生徒たちが意識しやすいように配慮します。

振り返り活動の効果を高めために

(1) 生徒たちがかかわり合う場面を設定する

この振り返り活動は，「仲間とのかかわり方」が評価の対象となっています。ですので，評価ができるだけの交流場面が，授業中に確保されていないと意味がありません。私は「協同学習」と呼ばれる学習理論を参考にして授業設計をしていますが，あまり理論などにはこだわらず，生徒たちが意見を伝え合ったり，説明し合ったりする場面を設定していけばよいと思います。ただし，話し合うだけの価値のある課題，自分の意見がもちやすいテーマを考えることが大事です。その際には，正解・不正解が存在しないテーマや，解答が複数存在するものにすると活動がスムーズにいくようです。国語であれば，作品中のある場面を取り上げて，「主人公のこの行動に対して，あなたは賛成ですか，反対ですか」と個人の判断を仰いだり，社会科であれば，「○○の生産量トップ10に入っていそうな都道府県を出し合おう」と，たくさんのアイデアを出させたりすることが考えられます。まずは導入の数分間から始めていき，生徒も教師も慣れてきたら，活動時間を増やしたり，課題の難易度を上げたりしていくとよいと思います。

(2) 生徒たちが交流しやすい環境をつくる

生徒たちは周囲の環境から多くの影響を受けています。普段，教室ではそれほど賑やかではないクラスも，美術室や理科室に移動すると落ち着きがなくなるということがあります。教科特性も影響しているとは思いますが，机の配置や体の向き，実験道具などの具体物の存在によって，生徒たちの行動が引き起こされていると考えられます。このことは裏を返せば，「環境を整えてあげれば，交流活動を活発化できる」ということにもなります。実物をグループごとに配り，それを中心に話し合いをさせたり，机ではなく床に車座になって話し合いをさせたりすることが考えられます。

また，グループの人数も活動に影響を与えます。私はグループでの活動は４人一組を基本としています。このくらいの人数だと，一人一人の責任が明確になり，人任せにすることが少ないと考えているからです。以前は学級の生活班６名を使って活動をしていましたが，人任せにして活動に積極的にかかわらない生徒が出たり，６個の机を寄せ合わせてしまうと生徒同士の距離が離れ，会話に加われない生徒が出たりしてしまいました。

さらに，私はできるだけ４人を男女２名ずつの市松模様にするように心がけていました。そして，左右のペアをA，前後のペアをB，斜めのペアをCとして，活動に応じて，いろいろなペアで意見交換をさせています。

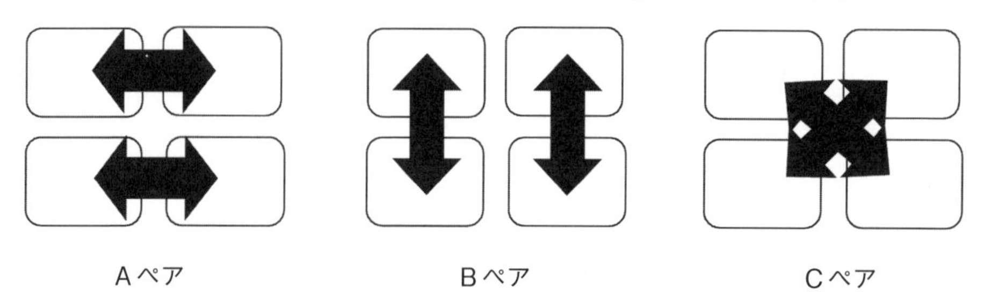

(3) 任せられる役割は生徒に譲る

生徒たちのコミュニケーションスキルの定着には，どうしても個人差があります。ですので，いきなり交流活動を仕組んでも，侵害的な行為をしてしまったり，話し合いが全く進まなかったりします。そこで，１回目の振り返り活動までは教師が取り組むべきスキルを一つ示し，意識的に取り組ませ，教師が積極的に評価をしていくとよいでしょう。加えて，安心して活動に取り組めるよう必要なルールについてはしっかりと伝えます。その上で徐々に教師の介入を減らしていき，仲間の行動をほめたり，逆に注意をしたりする役割を生徒たちへ委譲していくようにしましょう。私はその過渡期の指導として，「○○さんの発表態度はとてもよかったね。どこがよかったと思う？」と問うようにしています。そうすることで，生徒たちは互いの言動に注目し合い，自分で考えて長所や短所を発見できるようになります。

4 学びやすい環境をつくり始めた生徒たち

振り返り活動を継続する中で，授業中の生徒たちの行動に少しずつ変化が現れるようになりました。以下にいくつかの事例を紹介します。

一つ目の例は，授業中に不規則発言が多かったＡさんに対する周囲の反応についてです。Ａさんは知的好奇心がとても強く，資料集をじっと読み込んだり，興味のある分野については家庭でも調べてきたりする一方，授業中に思いついたことをすぐ発言してしまうところがありました。それが授業に関係するものであればよかったのですが，時には全く無関係の発言もあり，周囲の生徒は半ばあきれ気味に接しているところがありました。そのたびに，授業の流れが中断され，教室内の雰囲気が重くなっていきました。私の授業中にも数回の不規則発言がありましたが，その都度，私が「それは今授業に必要なことですか？」，「クラスみんなの役に立つ内容ですか？」と声をかけていました。そのような指導と並行して振り返り活動を行う中で，Ａさんの不規則発言は１時間に１，２回程度まで減っていきます。しかし，それだけでは教師である私が，注意をして不規則発言を抑えているだけであり，以前までの指導と何ら変わらず，生徒たちの自治的能力を高めたとは言えません。

しかし，振り返り活動を始めた１か月後，英語の授業を担当する先生から，クラスの授業態度がちょっと変わってきている，という話を聞きました。それまで社会科の授業同様，不規則発言をするＡさんに対し，無関心だった周囲の生徒がＡさんに，「今はそれをする時間じゃないだろ」と注意をするようになったというのです。Ａさんも仲間の声かけに素直に応じ，本来やるべき学習活動に戻ることができたようです。もともと，意欲が高かったＡさんですので，不規則発言が減ることによって，豊富な知識量から周囲から頼りにされるようになり，「社会の疑問なら彼に聞いてみよう」とグループ活動では中心になることが増えていきました。

二つ目の例は，リーダーシップが強いものの，否定的な言葉遣いが多かったBさんについてです。私はBさんと出会ってすぐに，彼は学級や学校のリーダーになれる力をもっていると感じました。しかし，その物言いは乱暴なことが多く，周りの生徒からの支持が得にくい生徒でもありました。発言力もあり，物事を多面的に捉える力も備えた生徒でしたから，グループ活動では中心となることが多かったのですが，グループの仲間は彼に否定されることを恐れ，自分の意見を積極的に発言することは少なかったようです。

そんなある日，学活の時間に話し合い活動をしていた時，Bさんと同じグループのCさんが，発言をためらう場面がありました。するとBさんは「お前，自分の意見が否定されると思っているんだろう。ルールにも『否定しない』って書いてあるだろう。大丈夫だって」と声をかけ，Cさんの発言を促していました。ちょうどこの活動の前日には，第2回の振り返り活動が行われており，クラスの多くのグループからは「冷やかさない」，「笑ったり，否定したりしない」という，話し合いに関する意見が出されていました。Bさんは，その振り返り活動でも積極的に心配意見を出していましたので，その過程で自らの授業態度も振り返っていたのかもしれません。クラスでも一目置かれているBさんが，そのような発言をしたわけですので，その影響はとても大きく，学級内の発言しやすい雰囲気の醸成に大きく寄与してくれました。

二つの事例をもとに，クラスの自治的能力に関する成果を紹介してきましたが，それ以外にも様々な効果を実感しています。それまでは挙手を促しても，周囲の様子をうかがい多数派の方に手を挙げようとしていた生徒たちが，数人であっても堂々と挙手をし，意見を述べる姿が見られるようになりました。振り返り活動を継続する中で，学級内に受容的な雰囲気が醸成されたこと，人とは違う意見を発表することが自分にとっても，仲間にとっても意味があることなんだ，という学級文化が育ったためだと思います。またある生徒は，授業中に話し合った課題について，休み時間を利用して仲間と話し合いを続けていました。仲間との交流を通じ，自分の考えを伝えることに楽しさを見いだしたことが，学習に対する意欲も向上させたのかもしれません。

（髙橋　淳一）

学級経営の集大成としての学級文集

学級文集を作るということ

私は中学校に勤務していますが，３年生を担任した年の３月に学級文集を作っています。卒業文集と言った方がよいかもしれません。内容的に言うと，「卒業文集」というのもちょっと大げさかなと思いますが，だいたい100ページ前後の文集です。

私は，学級文集を作る一番の目的を

文集作りの過程を通して，学級の一体感をより高めること

であると考えています。

もちろん，卒業アルバムと同じように，自分自身の成長の記録としての作文や，１年間一緒に時間を過ごした学級の仲間が書いた作文を文集という形にして残すことで，卒業後も学級のことや学級の仲間のことを思い出すよすがにしてほしいという思いはあります。

しかし，私は，卒業後に記念として残すということよりも，文集作りの過程自体が大事なのではないかと思っています。卒業を間近に控えた生徒たちが，「卒業文集を作る」という共通の課題・話題をもつことで，中学校生活最後の日々の中に，学級のみんなで楽しく過ごす豊かな時間をもてるようにしてやりたい，そんな願いをもって学級文集作りに取り組ませています。

実際，私の学級の生徒たちは，文集作りをとても楽しんで行います。

以前担任した学級では，推薦入試で進路の決まった生徒が文集編集委員（そんな名称も付けてはなかったのですが）となって，放課後，自分たちで声をかけ合って集まって，楽しそうに文集作りをしていました。自分たちで企画した「クラス内ランキング」のアンケート用紙を作ったり，そのアンケートの集計をしたり，表紙の絵を描いたり，撮りためた写真の編集をしたり，和気藹々と作業を進めていました。私は生徒たちに「困ったことがあったら，職員室にいるから声をかけてね。あと，必要な物があれば言ってね」とだけ言って，作業はすべて生徒に任せ，あとは職員室で仕事をしていたりしました。生徒たちは，私が特にあれこれ指示をしなくても，自分たちでやりたいことをやりたいようにやっていました。生徒への原稿の催促も，すべて生徒が行いました。私は生徒たちが作ったものをチェックして印刷してやるだけでした。

また，学級活動の時間を使って，生徒一人一人が自分のプロフィールを書いたり，文集編集委員が作った「学級内ランキングアンケート」に答えたりする時間を取りましたが，これまた和気藹々とした，とっても和やかな時間

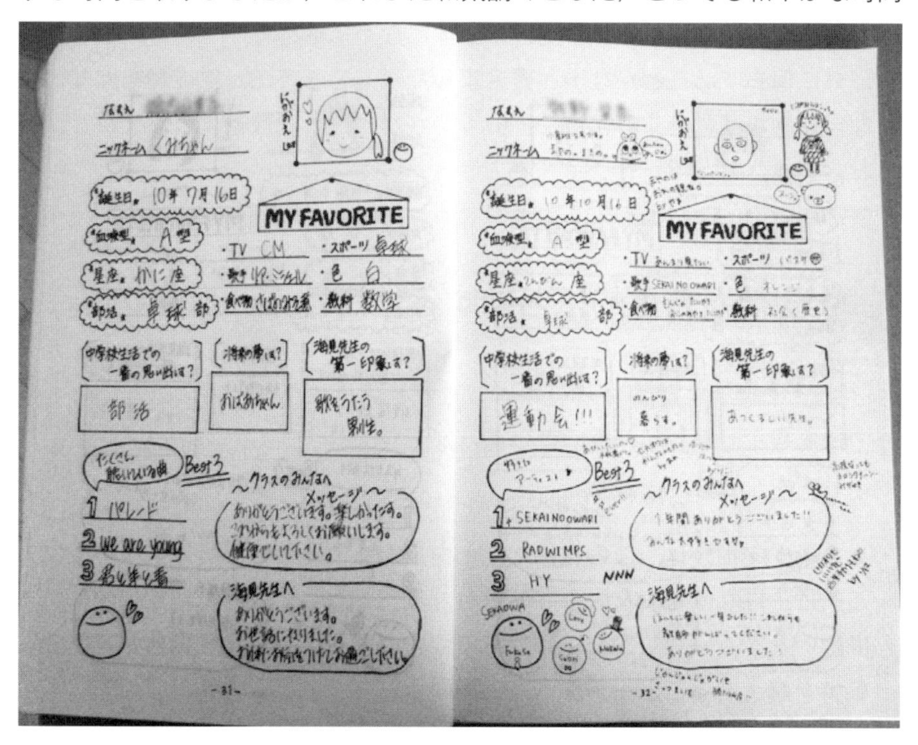

になりました。個人プロフィールのページの似顔絵を絵のうまい生徒にお願いして描いてもらって盛り上がったり，「このクラスの中で，素敵な旦那・妻になりそうな人は？」「将来有名になりそうな人は？」などというクラス内ランキングのアンケート項目を見てああでもないこうでもないと盛り上がったりしていました。

担任である私は，そんなふうに盛り上がったり，和やかに話したりしている生徒たちをにこにこしながら眺めているだけです。

上記したような，仲間たちと過ごす楽しい時間があることで，生徒たちは仲間と過ごす残り少ない時間に対する愛惜の念を強め，卒業までの一日一日，一時間一時間を大切に過ごそうという意識を高めていきます。また，そんな思いをもって過ごすからこそ，卒業式及び最後の学活が涙涙の感動的なものになるのです。

さて，学級文集作り自体は生徒が主体となって進めていくので，私には印刷以外に何もすることがないと書きましたが，もちろん，生徒たちがそのような自治的な活動をするように，いくつかポイントとなるような仕掛けはしておきます。

生徒が自治的な活動をするようになる仕掛けを，以下に紹介していきます。

2 生徒が自主的に活動する仕掛け

「生徒が自主的に活動する仕掛け」などと書きましたが，実はたいしたことではありません。私が言いたいことは，次のＤ・カーネギー氏の言葉に集約されます。

> **人を動かす秘訣は，この世にただ一つしかない。この事実に気づいている人は，はなはだ少ないように思われる。しかし，人を動かす秘訣は，間違いなく，一つしかないのである。すなわち，みずから動きたくなる気持を起させること――これが，秘訣だ。** ＊[1]

では，「みずから動きたくなる気持を起させる」ために，どんなことに留意すればよいのか，具体的に書いていきます。

(1) 生徒に「やってみたい」と言わせる

まずは，生徒に「文集を作りたい」と言わせることです。

私の場合は，以前自分が担任した学級で作った学級文集を生徒に示し，「こんなものをこのクラスでも作ったらいいと思うんだけど，やってみたらどうかな？　結構楽しいですよ」と生徒に話をします。

ここで，生徒が「やってみたい」と言えば，文集作りをスタートさせますが，「別に」というような反応なら，文集作り自体を断念します。つまり，生徒が「やりたい」と言わない限り，文集作りはしないということです。

私が考える学級文集作りは，小学校でいう「会社活動」と同じなのです。生徒に「やりたい」という気持ちがない限り，活動自体を始めません。もちろん，学級の全員がやりたいと思っていなくてもいいのです。何人かでいいので，「この学級の思い出を文集にまとめたい」と思う生徒がいればいいのです。

もし，学級が生徒たちにとって居心地のいいものであり，多くの生徒にとっての居場所になっていたとすれば，生徒たちは喜んで学級文集作りをしたいと言うでしょう。私が想定している学級文集作りの時期は２月から３月にかけてですから，要するに，生徒たちの返事によって，その１年間の学級づくりがうまくいったかどうかがわかるということです。

結局，１年間の丁寧な学級づくりが，学級文集作りの成否の鍵を握っているということです。

(2) 文集の企画は生徒に任せる

上記したように，会社活動と同じですから，基本的に生徒がやりたいことをやらせるようにします。私の場合，これまで担任したクラスで作った学級文集を生徒に示し，「これを参考にして，どんな内容にするか考えてね。や

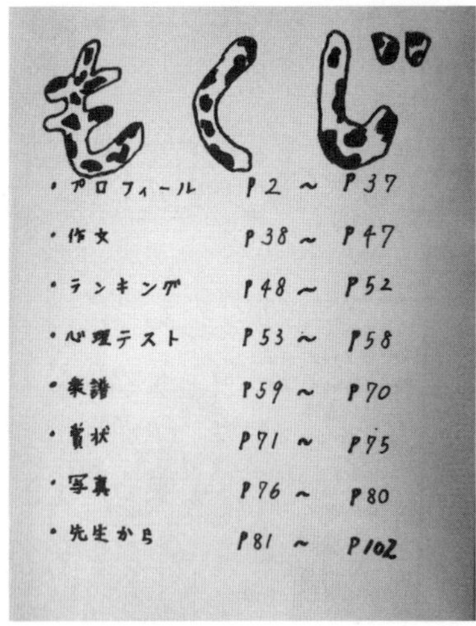

りたいことが決まったら，先生に教えてね」とだけ言います。私は国語科の教師ですから，個人的には，文集と言うからには，最初から最後まで生徒の作文で構成したいと思ってはいます。しかし，私の作りたいものを生徒に押しつけてしまうと，生徒は教師に文集作りを「やらされている」状態になってしまいます。そうなると，生徒たちの文集作りへの意欲が減退してしまいます。だから，まずは生徒からやりたいことを出させるのです。実際にどういう内容の文集であったかを見ていただくために，ここ何年かで作った学級文集の目次を紹介します。

見ていただくとすぐにわかると思いますが，文集といいながら，生徒の作文が載っているのは10ページほどに過ぎません。それも，文集用に書いたものではなく，文化祭や合唱コンクールの後に書いた作文をそのまま掲載しています。実は，これらの文集を作る際，最初に生徒から上がってきた企画の中には，生徒の作文のコーナーはありませんでした。そこで，私が「まあ，文集なんだからちょっとは作文も入れようよ」と提案して，やっと作文のコーナーが作られたという次第です。また，「海見先生のページ」「先生から」というコーナーがありますが，この部分は，私が思う存分文章を書いて載せていますから，これで文集としての体裁は保てているかなと思います。

しかし，大切なのは，「文集」という体裁とか型にとらわれることではなく，生徒が「自分たちの手で作り上げたい！」という思いをもって文集作りに取り組んでいくことだと思います。

知り合いの先生で，生徒たちが撮った写真だけで構成された，「文集」を作った先生がいました。デジタルカメラで撮った写真をプリントアウトして，それを切り貼りしたものに手書きのコメントが加えられていました。これなど，「文集」とは言えないかもしれません。しかし，生徒たちが心底楽しんで作ったのだろうなということが伝わってくる，とてもあたたかい「文集」ではありました。自分自身がやりたいと思うことをやる時，生徒がどんなに楽しんで力を発揮するものなのか，思い知った気がしたものです。

⑶　教師が計画性・見通しをもっている

生徒の中から「やってみたい」という声が上がったら，早速，やってみたいという生徒を集めます。この時に，⑵に書いたように，企画は生徒に任せるにしても，文集作りの見通しは教師が示してやる必要があるでしょう。具体的に，いつまでに個人プロフィールやアンケートの用紙を作って印刷し，どの学級の時間にプロフィールやアンケートを書く時間をとることが可能かを示します。また，原稿の回収期限を印刷・製本作業から逆算して，いつまでに表紙や中表紙を作り，学級の時間にプロフィールの原稿を提出できない生徒への対応をどうするかなど，最初に決めておきます。そうすると，生徒たちは期限に合わせて見通しをもって活動するようになります。

もちろん，生徒に計画を考えさせてもかまわないと思います。しかし，その際にも，教師の方から，印刷作業に何日くらいかかるから最低ここまでに原稿を提出しなければいけないとか，学級文集作りのために使える学級の時間や放課後の時間はどれくらいあるのかなど，最低限の条件を示してやらなければなりません。となると，結局，教師の方で見通しの腹案をもっていなければいけないということになります。

この，教師の見通し・計画性がないと，生徒も教師も余裕をもって活動することができなくなり，原稿を催促するイライラした声が飛び交うことになり，文集作りが楽しい作業から苦行へと変わっていきます。
　次の⑷にも通じることですが，生徒がのびのびと活動できるように環境を整備してやることが，教師の仕事であると思います。

⑷　教師が必要な時・場・ものを揃えてやる

　生徒がやりたい企画に対して，教師はその企画を進められるように時・場・ものを揃えてやらなければなりません。これは，「所時物の原則」として向山洋一氏が随分前に指摘していることです[*2]が，大切なことだと思います。
　時間に関しては，⑶に書いたように教師の方で見通しをもっていれば，生徒の出す企画に対して「それなら，この学級の時間を使えるよ」と，活動時間を保障してやることができます。もし，活動時間を授業時間の中で保障してやれない場合は「うーん，その企画のために使える学級の時間がないけど，どうする？　朝学習の時間なら，少しあげてもいいけど」「放課後，５時30分までなら学校に残って作業してもいいけど，それでできない場合は家で作業を進めることになるよ。それでもいい？」などというように，生徒に話してやることもできます。もちろん，学級独自の時間の使い方をする場合には，学年の先生方や学年主任に周知しておく必要もあるでしょう。さらに言えば，時間的に難しいと思われる企画は，最初から教師の方で断念させてやることも必要になってくるかもしれません。生徒がやりたい企画をやりきる時間はできる限り保障してやります。しかし，その企画のための時間を確保できないと判断したならば，最初からその企画を取り上げないことです。そういうふうに時間のマネジメントをしてやる必要があります。
　場所に関しては，活動場所を指定してやり，同学年の先生方に了承をとっておくことが必要でしょう。基本的に，文集作りは教室で行えるのですが，文章をワープロ打ちしたり，画像を編集したりする時には，コンピュータ室なども使わなければならないでしょう。生徒から企画が上がってきた段階で，使いそうな場所は，前もって確保しておかなければなりません。

ものに関しても，生徒から企画を上げさせる時点で，必要なものも報告させ，準備しておいてやらなければいけません。例えば，プロフィールのコーナーを作りたいと言ってくれば，FAX 原紙を準備してやらなければなりません。また，「クラスのみんなの写真を撮って載せたい」と言ってきたら，デジタルカメラを貸してやらなければなりません。「今まで撮ったクラスの写真の中からいいものを使いたい」と言ってきたら，それまで撮りためてきたクラスのデジタル写真を集めたフォルダをコンピュータ上に作って，生徒が自由に閲覧できるようにしてやらなければなりません。

教師は，生徒の活動には口や手を出しませんが，生徒が活動ができるお膳立てまではしっかりとしてやらなくてはいけないのです。この，教師の側の準備が整っていると，生徒の活動はスムーズに進んでいきます。

(5) ありものを有効に使う

もしかしたら，「中学３年生の２月から３月という受験シーズンに，学級文集なんて作る時間はないのではないか？」「わざわざ文集用に作文を書くなどという時間を確保できないのではないか？」と思われた方もいらっしゃるかもしれません。中学３年生の担任ではなくとも，なかなか学活の時間がとれなくて，学級文集作りをする暇はないと思われる方もいらっしゃるかもしれません。

確かに，文集用に作文を書かせるとなると，それなりに時間も必要になってくるかもしれません。しかし，私は，生徒に文集用の作文を書かせることはありません。では，作文のコーナーには何を載せるのか？　私のクラスの場合，その１年間の節目となる行事の後に書かれた作文を載せます。私のクラスでは，基本的に，行事の折に書いた作文は，教室内に設置してある個人クリアファイルに集積していくことになっています。そこから，例えば合唱コンクールとか運動会の作文を抜き出して，文集に掲載するのです。

文集用に改めて清書させることもありません。抜き出した作文プリントは，文集の編集委員の生徒がすべてワープロ打ちします。最近は，家庭のコンピュータでメールのやりとりをしている生徒も多いので，昨年度の場合，36人分の作文（原稿用紙にして30枚から40枚分くらい）も，５～６人の文集編集委員が放課後１時間程度の活動を３日行ったくらいでワープロ打ちを終えていました。

また，「海見先生のページ」「先生から」と題されたコーナーには，私が年間を通して発行している学級通信の中から，学級の節目となるような行事を扱った号（昨年度の場合，学級開き，修学旅行，運動会，文化祭など）を抜き出してそのまま掲載しました。自分のコンピュータのフォルダからファイルを印刷して出しただけなので，ほとんど手間はかかっていません。

わざわざ文集用に原稿を書かせなくても，節目となる思い出深い行事の後に書いた作文を掲載すれば，この１年の自分自身，及びクラスの成長をしっかりと自覚できるのではないかと思います。また，行事の時に高まった団結力や仲間と一緒に頑張った思い出を反芻することが，そのまま卒業式に向けての心構えづくりにもなると思います。

3 学級文集の作成には１年間の学級経営の成果が出る

ここまで書いてきて感じるのは，学級文集作りの活動が，点ではなく，それまでの担任の学級経営の指導の線の上にあるということです。

学級文集作りの仕掛けの(1)に「生徒に『やってみたい』と言わせる」と書きました。このこと一つをとっても，生徒が４月から「この担任の提案することは面白いぞ」ということを感じる場面をたくさんつくっておいてやれば，生徒は自然に「やってみたい！」と言うものだと思います。

もちろん，一朝一夕にそうなるものではありません。修学旅行，運動会，合唱コンクール（学習発表会）などの行事はもちろんのこと，授業の中でも，日常の学校生活の中でも，常に生徒が面白いと感じて乗ってくるような仕掛けをし続けるのです。その具体的な実践例は，本書で他の先生方が提案してくださっているはずです。

また，修学旅行や運動会や合唱コンクール（文化祭や学習発表会）などの行事を，生徒が楽しみつつ自治的な活動ができるように仕組んでいくのです。一つ一つの行事を点として捉えるのではなく，最終的に生徒が自治的な活動をできるようになるための指導過程として捉えるということです。

こう考えてくると，担任に１年を貫く学級経営のビジョンがあるかどうかが，文集作りを成立させるかどうかの鍵を握っているように思えてきます。

例えば，前任校では，５月に修学旅行，９月に運動会，10月に合唱コンクールがありましたが，私はこれらの行事を次のように位置付けていました。

５月の修学旅行はクラスの仲間と仲良くなり，学年として規律ある行動を取れるようになるところまでできればいいと考えていました。だから，修学旅行の段階では，自治的集団を育てる活動よりも，規律ある集団を育てる活動に力を入れていました。

９月の運動会は，規律ある集団であることを前提に，応援リーダーたちに応援合戦の演技を自由に考えさせ，学年のリーダー層に自治的活動に取り組むための力を付けさせることを考えていました（前任校では，運動会の団は学級をばらしてつくっていました）。学級よりも人数の多い下級生を指導する体験を通して，仲間に対する声のかけ方も学ばせます。運動会では，教師は生徒の前には出ず，主にリーダーの指導に徹します。生徒自身に指導の体験をさせないと，生徒の自治的活動に取り組む力が付かないからです。

そして，運動会での体験を活かして，10月の合唱コンクールでは学級単位での自治的活動に取り組むわけです。ここでは，修学旅行と運動会で経験したことを活かして，今度は学級をまとめるという活動を体験することになります。ここでも，私は，毎日のリーダー会議でリーダーの指導はしますが，運動会の時ほど口出しをしないようにします。いろんなアイデアを提案はするけれども，「これをやれ」という強制はしません。最終的には，生徒たちが選んだやり方で活動を進めさせます。練習時間にいたってはほとんど生徒に活動を任せていました。この合唱コンクールの取り組みでは，活動の途中，必ず活動が停滞する苦しい時期がやってきました。生徒も私も，「何だかうまくいかないなあ」と，どんよりとした気分になる時期があるのです。しかし，そういう雰囲気を乗り越えるための学級会やリーダーたちの話し合いがあるからこそ，そういう場でみんなで本音を語り合い知恵を出し合うからこそ，「自分たちで困難を乗り越えて，自分たちで合唱をつくり上げたぞ！」という充実感を生徒がもつのだと思います。その充実感が，自治的活動に対する前向きな心構えをつくっていくのだと思います。

もちろん，どの行事も，生徒たちが「やってよかった」と思えるような成果を出してやらなければなりません。ここでいう成果というのは，運動会で応援優勝するとか，合唱コンクールで賞を取るとか，そういう次元のことではありません。勝ち負けに関係なく，「この団（学級）でよかった」「この団（学級）が一番！」「この団（学級）の仲間は最高！」と思えるような，集団に対する所属感の高まりのことを指します。

以下に，３年前の私の学級の生徒の合唱コンクールの感想を紹介します。この年の学級文集に掲載されている作文です。

合唱コンクールを通して，自分自身がすごく成長できたと思うし，クラスの団結力は強くなったと思います。合唱の練習では途中練習したくないと思うときがあったけど，あきらめずに頑張って良かったなあと思います。頑張ってきたのはすごくいい思い出だし，みんなと歌えて良かったと思いました。仲間と支えあったり，協力することって，きれいごととかそういうのじゃなくて，本当に大切なんだなと改めて思いました。みんなの支えがあってこそ頑張れたし，合唱コンクールで良いことをいっぱい学べたなと思います。

わたしは合唱コンクールを終えて，クラスの団結力が深まったと思います。結果，賞は何もとれませんでした。でも後悔はしていません。やることをやりきったし，今まで一番いい合唱ができたからです。このクラスでよかった，みんなで歌えてよかった，って心から思いました。賞がとれたらもっとよかったけど，とれなくてもこんな満足できる歌を歌えてよかったです。それに，海見先生や他の先生たちから６組の合唱すごくよかったよと言われて素直にうれしかったです。中学校生活最後の合唱コンクールは３年間で一番思い出に残るものになったし，感動しました。色々うまくいかないこともあったけど，３年６組大好きです。卒業まであと数ヶ月しかないけど，６組のみんなと仲良く頑張っていきたいなと思います。

こんなふうに書く生徒が何人もいるからこそ，学級の思い出を残そうと思い，文集を作りたいと言う生徒が何人も出てくるのだと思います。

そういう意味において，生徒たちがどのように学級文集作りに取り組むかに，１年間の学級経営の成果が凝縮して出ると言えるのです。

（海見　　純）

【参考文献】
＊１　D・カーネギー著・山口博訳『人を動かす』P34，創元社，1986（文庫版）
＊２　向山洋一著『授業の腕をあげる法則』P43，明治図書，1985

第4章

自ら向上する子どもを育てる学級づくり

行事・委員会編

1 ぼくたちの夢実現 ～運動会プロジェクト～

1 教師のつくる運動会

４月の初め，担任している６年生の子どもからこんな言葉をかけられました。

「先生，運動会の興味走は，今年も面白い種目を考えてね」
「応援団って何人がなれるんだったっけ」

まだ，運動会の１か月以上前にもかかわらず，運動会を楽しみにしている子どもたち。子どもたちのやる気が伝わってきます。ですが，これらの発言は，すべて「受け身」の立場からの発言でした。運動会に向けて，子どもたちの興味・関心は非常に高いものの，主体的な参加意欲は低く，「あらかじめ，定められた路線に沿って参加する」「ただなんとなく参加する」といった意識が強いことがわかります。

学校は，田園地帯に立地し，保護者，地域住民は，学校教育への理解，関心が高く，連携・協力しながら教育活動を推進していけるよい教育環境にあります。この地域のよさを活かして，さらにこの子どもたちの主体性を育てることが，学校課題として浮かび上がってきました。

あわせて，校長の教育信条の一つに，

「学校は子どものためにある。したがって，教育活動は，学校運営の効率や教師の都合のためにあるのではない。子どもに寄り添いなさい。子どもに沿った視点で，必要なことから変えていくべきである」

とありました。このことは，言ってみれば当然のことですが，実際の教育活動では実体化されていませんでした。したがって，今後の教育活動の構想の視点として再確認することとなりました。特別活動主任であり，体育主任でもあった私は，この校長の方針と前に述べた子どもたちの実態とを踏まえ，新たな視点で今年度の運動会を構想しようと考えました。

小学校学習指導要領第６章の特別活動においては，その目標が次のように示されています。「望ましい集団活動を通して，心身の調和のとれた発達と個性の伸長を図り，集団の一員としてよりよい生活や人間関係を築こうとする自主的，実践的な態度を育てるとともに，自己の生き方についての考えを深め，自己を生かす能力を養う。」（下線筆者）

このような背景のもと，運動会を子どもたち自身が『創っていく』活動を通して，子どもたちに自主的，実践的な態度，自治的能力が育ち，職員も含めて，主体的に運動会にかかわっていけるようになると考えました。

そこで，子どもたちによる運動会計画集団を結成し，子どもたち自らが運動会を計画・立案，運営する過程を通して，自己活動力・自己決定力及び実践的態度（実践力）を育み，自治的能力の育成を図ることとしました。

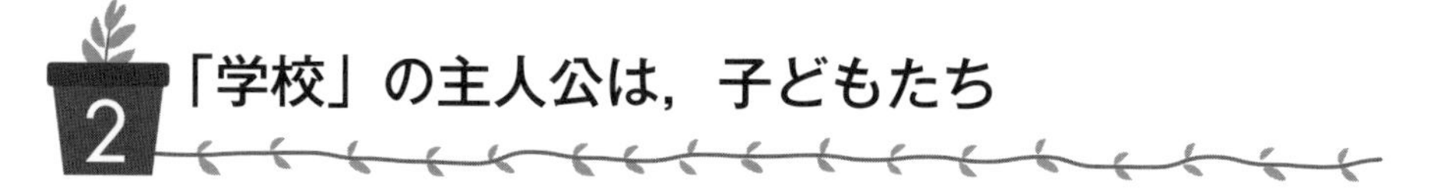

2 「学校」の主人公は，子どもたち

学校は，子どもたちのために存在します。

言うまでもなく，学校は教師の意思を主体に運営されるべきものではありません。

ところが，運動会については，種目や日程等その内容のほとんどを，教師主導で決定している現状はありませんか。これでは，子どもたちの参加意欲は高まらず，「ただなんとなく参加する」といった意識につながりかねません。このような現状を改善することを目的として，運動会において，子どもたちが主体的に取り組めるようなシステムづくりを提案し実践しました。

自らが運動会を企画・運営することによって，子どもたちは，主体的に，

意欲をもち，嬉々として運動会に参加することができるであろうと考え，そのためのシステムを構築しました。それが，

運動会プロジェクトチーム

の結成です。

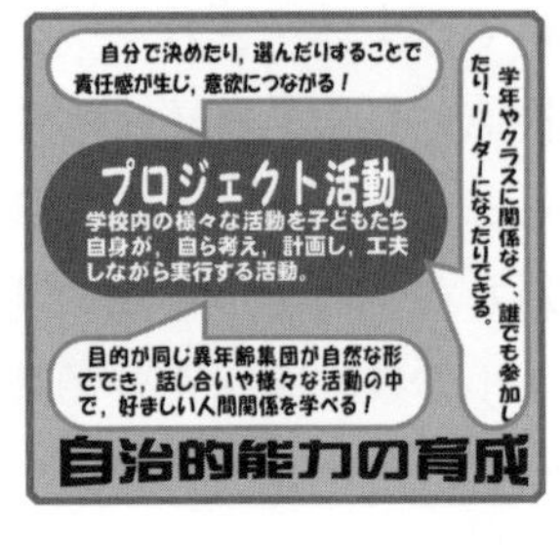

図１　プロジェクト活動

ここでは，「運動会プロジェクトチーム」の活動活性化を図った取り組み，その成果について，プロジェクト活動への参加児童・全校児童の様子，職員の取り組み，また，保護者の反応などとともに紹介します。

3 子どもが考える運動会

この取り組みにあたっては，まず何といっても

職員の意識の変革

が必要になります。

運動会のような大きい学校行事を行う場合，職員会議で担当者から原案が提示され，それを検討し，ある程度の流れが決まっていくのが一般的であると思います。しかし，運動会についての起案は，そのねらい，期日，構想のみを体育主任である筆者が提案し，次のように職員に語りかけました。

> 「『子どもたちが，夢をもって嬉々として学ぶ』姿を追求し，［児童が自ら考え，工夫して実行できる］よう，詳細（種目・プログラム等）については，『運動会プロジェクトチーム』を立ち上げ，児童の考えを可能な限り聞き入れ，児童とともに深めていきたいと考えています」

ここで，『運動会のねらいと大まかな枠組みを教師が設定しつつも，内容は子どもたちに委ねてみよう』という，教師の運動会に対する新たな姿勢が

確認されました。職員の意識を変える第一歩がスタートした瞬間でした。

また,「子どもたちが,夢をもって嬉々として学ぶ」姿,すなわち自己活動力・自己決定力及び実践的態度(実践力)を身に付けた姿を,次のように設定しました。

【自己活動力】
- **運動会プロジェクト会議に参加し,「こんな運動会にしたい」という自分の意見を発言している。**
- **人(教師)に頼らずに,自ら考え,それを行動に移している。など**

【自己決定力】
- **運動会種目を自分たちで考えている。また,自分で選んで種目(興味走)に出場する。**
- **徒競走の距離を,自己選択・自己決定している。など**

【実践力】
- **運動会プロジェクト会議で決定したことに沿って,仲間と協力しながら準備を進めている。など**

4 プロジェクト活動の実際

(1) 運動会プロジェクト会議

運動会プロジェクトチーム会議を子どもたちの手で

まずは,チームのメンバーの募集です。意欲をもっている子どもたちであれば,学年等にかかわりなく,何人でもよいというスタンスで参加者を募りました。例えば,学級2人等の縛りがあると,せっかくの子どもたちの意欲の芽を摘んでしまうことになり,「勇気くじき」につながる恐れがあるからです。

運動会実施予定日の約1か月前から,昼休みの約30分間を会議に充てました。1回目の参加人数は38人,2回目は58人,3回目は53人,4回目は37人,

５回目は46人の参加者で話し合いを進めました。ほぼ同じ子どもたちが継続して８回まで参加しました。進行は，最初に体育部の教師が務め，徐々に子どもたちのリーダーに委ねていきました。体育部の教師を中心に，毎回２人以上の教師が参加し，適宜子どもたちの意見に対して助言を行ったり，会議の一参加者として発言したりしました。８回目の会議までは，「こんな運動会にしたい」といった希望や意見を出し合い，子どもたち同士で話し合いを深め，できそうなものとそうでないものとを，子どもたち自身が取捨選択していきました。はじめのうちは，自分の思いや考えがあるにもかかわらず，それをうまく表現できないで沈黙する場面もありましたが，回を重ねるにつれ，活発な意見交換ができるようになりました。１回目から８回目までの会議の内容は，以下の通りです。これらは，会議に参加できなかった子どもたちや職員にその都度，内容を知らせるために，「運動会だより」として発行しました。

「第１回運動会プロジェクト会議」
・「超」障害物レースをやりたい。・50m走をやりたい。・おにごっこをやりたい。・しっぽ取りゲームをやりたい。・興味走は学年別ではなく，やりたいところにいきたい。・リレーをやりたい。・盛り上がるから，ファンファーレをやってもらいたい。・準備体操をやりたい。・お年寄り，お客さん，カメラ専用の席をつくりたい。・すもうをやりたい。・屋上に大きい風船（アドバルーン）をあげたい。・スローガンを目立たせたい。・低学年も応援団をやりたい。→低学年でも持てる小さめの旗を作ったらいい。・興味走（内容）・徒競走（距離）を選びたい。・騎馬戦を低学年もやりたい。・カウントダウン表を作りたい。・先生方全員にユニホームを着てもらいたい。（一部省略）

「第２回運動会プロジェクト会議」
応援団について ・４，５，６年生でやる。→低学年は声が小さいから。・１，２，３年生も応援団をやりたい。→楽しそうだから。おにごっこについて・無理だと思う。→全校人数が多いから。すもうについて・やめた方がいい。→体の大きさの差があるから，小さい子がけがをしてしまうから。騎馬戦について・低学年はやめた方がいい。→かたぐるまができないから。しっぽ取りゲームについて・やめた方がいい。→しっぽがないから。カウントダウン表について・作った方がいい。→盛り上がるから。徒競走・興味走について・自分で選んで参加したい。→高学年でも50ｍを走りたい人がいるかもしれないから。・選んで参加すると，１年生が６年生に勝てない。・１年生でも勝てるように工夫すればいい。応援席について・お年寄りの席をつくった方がいい。→お年寄りが喜ぶから。・カメラ席はやめた方がいい。→人数が多いから，後ろの人が困る。ファンファーレについて・あった方がいい。→盛り上がるから。風船(アドバルーン)について・大きい風船をあげるのはやめた方がいい。→お金がかかるから。・小さい風船をたくさんあげればいい。(一部省略)

「第３回運動会プロジェクト会議」

興味走について・先生に決めてもらうことには，反対。→この会自体の意味がなくなるから。興味走は自分たちで決める。風船について・小さい風船よりも大きい風船の方が目立つからいい。→賛成：小さいとひもが切れて飛んでいく。小さい風船がたくさんあるとひもが絡まる。切れると意味がない。→反対：小さい風船の方が，色をいろいろ選べる。楽しくなってくる。応援団について・１，２，３年生も応援団をやってもいいと思う。楽しく応援ができる。・声は小さいかもしれないけれど，いい経験になるので賛成。・低学年の横に高学年がいてあげればいい。(一部省略)

「第４回運動会プロジェクト会議」

応援団について・１，２，３年生も応援団をやりたい。・低学年の横に高学年がついてあげれば，できる。・それでも緊張して失敗してしまう恐れがある。・緊張したら高学年からなぐさめてもらう。・１年生は，運動会の経験がないので厳しい。２，３年生は一度経験しているので大丈夫ではないか。・４，５，６年生でも声が小さい人がいるし，２，３年生でも声が大きい人がいるから，入れてあげればいい。・運動会は楽しいものだから，１～６年で楽しくやりたい。・多数決で決めよう。９割賛成で１～６年生で応援団を結成する。風船（アドバルーン）について・風船をあげるかあげないか。・運動会と書けば，みんながわかるから，やった方がいい。学校がきれいに見えるし，お客さんもたくさん来る。風船は，あげる。・小さな風船がいい。・きれいかきれいじゃないかで風船を決める方がいい。きれいならば，お客さんがたくさん来てくれる。・意見がたくさん出たから多数決で決めたらどうですか。多数決：大きい風船13人　小さい風船21人→小さい風船をあげる。その他綱引きについては，今年度も行う。（一部省略）

「第５，６，７，８回運動会プロジェクト会議」
先生方のユニフォームについて・来られた人が誰が先生かわからないから。先生方にユニフォームを着てもらう。準備体操について・みんなに見えるように前に出てやってもらう人が必要だ。→代表児童が前に出て準備体操の手本を見せる。興味走について・三つとも，中心になる種目をつくるとよいのでは。・難易度をレベル別に設定したらどうか。Ａ初級，Ｂ中級，Ｃ上級コースと設定したら。・一つの種目でも，その中で，簡単なものや，難しいものを入れればいい。・中心になる種目を考える。Ａ：借り人競争　Ｂ：カードをめくりその内容（なわとび，じゃんけん，ボールつき，サッカーボールけり）でゴール。Ｃ：決められた障害物（ネットくぐり，平均台）。スローガンについて・ガンバレ○○っ子・輝け○○っ子・燃えあがれ○○っ子・輝く瞬間は今だ！・気合いでがんばれ○○っ子・トキめき○○っ子運動会・フレフレ○○っ子

多数決の結果　今年度の大運動会スローガンは「トキめき○○っ子運動会」に決定。（一部省略）

第1回運動会プロジェクト会議の話し合いの内容で見られるように，子どもたちは，運動会に対して多岐にわたった願いや希望をもっていることがわかりました。低学年からの率直で純粋な意見を，高学年が上手にまとめたり一緒に考えたりしながら，低学年児童を説得していく場面が数多く見られました。時には考えが対立しますが，子どもたち同士の話し合いの中で折り合いをつけながら，徐々に一定の方向にまとまっていきます。これらの活動を通して，

子ども同士の信頼関係が深まっていく

と考えます。

また，見に来てくれる人を意識する発言が見られるなど，相手の気持ちを考える一面もありました。そして，次々に，子どもたちの話し合いの中から，運動会の方向が決定していきました。このように，運動会プロジェクト会議では，教師に頼らずに，自らの考えで，「こんな運動会にしたい」という自分の意見を発言したり，それを行動に移すための準備をしたりと，まさに「自己活動力」を発揮する姿が見られました。

⑵　話し合いから実行へ

この会議で決定したことを受け，必要な班（図2）を立ち上げて，具体的な活動を進めていきました。これまでプロジェクト会議に参加していた子どもたちの他に，新たに全校児童からの希望者を加え，それぞれ希望の班に所属しました。その班でリーダーシップをとる者，そのリーダーをフォローする者とが支え合い，新たに割り振られた

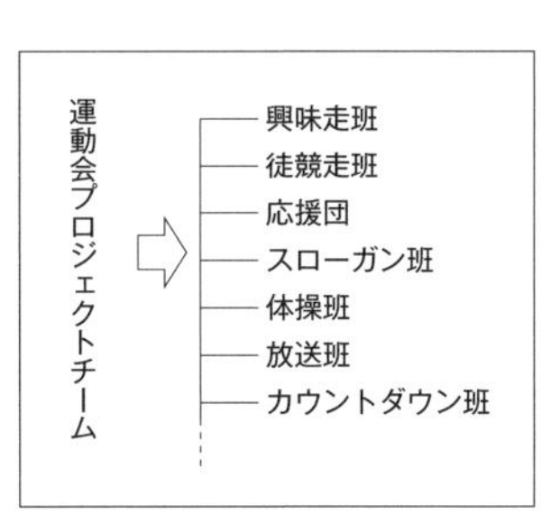

図2　「運動会プロジェクトチーム」の発展

各班担当教師の支援のもとに計画を実行します。これが，プロジェクト会議での決定に沿った，子どもたちの具体的「実践力」の表出の場となります。

① 興味走班

興味走については，昨年度までは，教師が内容を決定し，子どもたちに提示，練習，実行と進められていましたが，プロジェクト会議で決定したように，三つの興味走の詳しい内容を，この班で決定していきました。[A「めざせ！　かりびと名人！」(借り人競争)，B「わくわく！　どっきり！　障害物レース」(障害物競走)，C「ペラペラめくってレッツゴー！」(借り物競走)]。ここでも，借り物は，「走ってきてぶつかっても痛くないように」と，玉入れの玉や柔らかいボールを選定したり，くじ引きの文字にふり仮名を付けたりするなど，低学年や相手を思いやる気持ちが表れていました。さらに，自分の出場種目を決定する説明会が，担当児童の主導で行われました。この，

興味走への選択制の導入

によって，子どもたち自ら，自分が出る種目を選択・決定し，実行する場が設定されました。このことは，子どもたち一人一人の運動会への意欲の向上，そして「自己決定力」の育成につながったと考えられます。

② 応援団

１年生から６年生までの希望者が集まって組織された応援団は，活気とやる気の溢れるものとなりました。ここでもやはり，高学年が，運動会初体験の１年生を優しく導いていく姿が見られました。また，応援席についてはこれまでは学年順に並んでいましたが，子どもたちの考えから，次のようになりました。

運動会だより第16号より
○　応援席について，児童（６年生）は，「異学年とも交流を図りたい（低学年の面倒を見てやりたい）」という希望があり，はじめは，清掃班

（たてわり班）ごとに並びたいと提案してきた。提案児童は，その後さらに深く考え，それでは，組も違うしゴチャゴチャしてしまうと考えた。そこで，話を聞いていくと，学年はひとまとまりに固定し，１年生から６年生まで規則的に並ぶのではなく，不規則に並ぶ案が浮かんできた。そしてさらに，１年生は準備や整列に時間がかかるから，入場門に一番近い位置がよいということで，固定し，６年生がめんどうを見てあげたいとのことで，１年生の応援席横に６年生を配置した。

③　臨時的「てるてる坊主」作成班

運動会へ向けて取り組んでいる中，子どもたちが当日の降水確率が70パーセントで悪そうだという情報を得てきました。すると，子どもたちは，早速「てるてる坊主を作りたい」と提案。「どうせ作るなら大きい物を作りたい」そんな願いから，巨大てるてる坊主を作成しました。それを児童玄関前に掲げ，全校児童が，それぞれの思いをメッセージとして書き込んでいきました。「晴れますように」「赤（白）勝て」等々。あっという間に“白い”てるてる坊主が，子どもたちの思いが書き綴られた“カラフル”な色に染め上がりました。

巨大てるてる坊主

(3)　プロジェクトチーム活動の全体共有化

このように，班での活動が着々と進んでいく中，運動会２週間前に全校運動会集会を行いました。そこでは，それぞれの班長が全校児童に活動を紹介したり，協力を要請したりしました。各班長は，自分たちがやってきていることが全校児童に伝わり，大きな自信をもつことになりました。こうして，学校全体が，一気に運動会へ向けて盛り上がっていきました。また，今までどちらかというと運動会への意欲の高まりが十分でなかった子どもたちも，「何か自分にできることはないか」「自分はどの種目にしようか」と，運動会に向けた流れに加わっていくようになりました。運動会に向けての仕事を自分で考えたり，興味走や徒競走の出場種目や距離を自分で選んだりするという「自己決定力」を発揮する姿が，この［全体共有化］の場の設定により見られるようになったと考えます。

運動会集会

⑷　運動会当日の実際

これまで紹介してきた活動の集大成が運動会当日です。開会宣言から閉会宣言まで，すべてにおいて子どもたちが主役の運動会が，晴天の中，開催されました。開会式の運営を担当している子どもたちは，緊張しながらも，その表情からは堂々とした自信を感じ取ることができました。選択制を取り入れた興味走については，ワクワクしながらプログラムを何度となく確認し，自分で決めた種目の予定時刻を確認している子どもたちの姿がありました。

興味走の種目内容を考えた子どもは，その後，

「私が考えた種目をみんなが楽しんでくれて，すごくうれしかった」

と話しました。自ら進んで「放送班」に加入した２年生児童は，当日に向けて練習を積み，精一杯マイクに向かってアナウンスしていました。その，けなげで一生懸命な姿に，放送テントの周りで見守る保護者からは，あたたかい大きな拍手が湧き上がりました。まさに，運動会プロジェクト会議を通して決定したことに沿って，仲間と協力しながら実践に移すという「実践力」を発揮する姿が至るところで展開されていました。

5 子どもたちの変容と保護者の反応

運動会終了後，６年生児童が運動会について書いた作文の一部を紹介します。

（略）一番すごいなあと思ったことは，２年生の子が進んでプロジェクトチームに来てくれたことです。（略）去年は先生が考えたことをただやるだけでした。だけど今年は，「ぼくたち，私たちの運動会」になりました。先生たちに考えてもらって「やってください」って言われても，やる気があまりでないと思います。でも，全校のみんなが協力してやった運動会は，すごくやる気がでました。プロジェクトは，大変だったけど，そのおかげで，意見も前よりは言えるようになりました。私たちは，最後の運動会だけど，これからもずうっと，この『私たちの運動会』のままがいいと思いました。（略）

この作文から，運動会に対する思いの変化がうかがえます。「プロジェクトチームに来てくれた」という表現でもわかるように，この子どもはプロジェクトチームの一員であることを意識していると同時に，最高学年の立場から，低学年児童が参加したことに喜びを感じています。しかも，自分がプロジェクトチームの一員であったことを誇りに思っていることからも，今までの活動が自信につながっていることがうかがえます。

後日，全校児童を対象に，運動会についてのアンケートを実施しました（表）。「Ａ　運

A　運動会の練習や活動に，やる気いっぱいで参加できたか。			
とてもよい	だいたいよい	もう少し	あまりよくない
68.2%	27.1%	4.1%	0.6%
肯定的　95.3%		否定的　4.7%	
B　あなたは，自分たちにできる活動を考え，工夫しようとしたか。			
とてもよい	だいたいよい	もう少し	あまりよくない
42.5%	40.3%	15.1%	2.1%
肯定的　82.8%		否定的　17.2%	

対象者：全校児童

表　運動会後の子どもの意識調査

動会の練習や活動に，やる気いっぱいで参加できたか」の質問については，95.3%の子どもが，「B　あなたは，自分たちにできる活動を考え，工夫しようとしたか」の質問については，82.8%の子どもが，肯定的な自己評価をしていることがわかりました。自分自身が考え，決め，選ぶ運動会を体験した子どもたちは，先ほどの作文にも見られるように，やり遂げたという達成感・充実感を得ることができました。さらに，保護者から見た子どもの意識の変化について，下記のようなアンケート調査を行いました。

Q．お子さんの運動会に対する「思い」は，昨年までの運動会の「思い」と比べて，変化が感じられましたか。

はい	いいえ	無回答
85.6%	11.8%	2.6%

対象者：２年生～６年生の子どもをもつ保護者

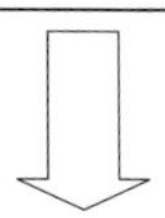

Q．それは，どのような変化ですか。（抜粋）

・運動会についての話をすることは今までほとんどなかったのですが，よほど楽しく計画を立てたり，準備をしていたんだと思います。とてもそのことについての会話が多くなりました。また，当日は，絶対に晴れると確信している様子でした。

・学校の行事というより，自分たちの運動会というような積極性が見られました。

・今年は，前日に「運動会を楽しみにしてて！」と言っていました。自分たちで「つくった」運動会を見に来てほしいという気持ちがその一言に表れているのだと，当日見に来て感じました。

このアンケートは，兄弟姉妹がいる家庭には，子どもたち一人一人の様子について回答していただきました。運動会に対する思いについて，85.6%の保護者が，子どもたちの何らかの変化を感じ取れたようです。学校行事の在り方について，新しい観点を子どもたちや保護者に与えることになった結果であろうと考えます。

6 教師の変容

先に述べました１回目の職員会議では，運動会の方向は定まったものの，「子ども主体」の趣旨が十分に伝わっていない職員も少なからずいました。しかし，この実践が進んでいく中で，教師自身が，子どもたちの意欲の高まりや，湧き上がってくる子どもたちの「パワー」を実感していくことになりました。そして，今までの子どもたちへの指示的な言動から，子どもたち自身の自己決定，自己選択の場を促すといったような，支援の仕方の変化が生じてきました。教師が，発想を転換する姿が見えるようになったのです。運動会後の反省用紙に，ある教師は次のように書いていました。

「今まで，子どもたちができることまでをも教師が設定してあげていたことに反省させられた。そういった場や環境を整えてやれば，子どもたちは立派にその責任を遂行することができる。今回の運動会の一連の活動を通して，子どもたちの新たな一面を見ることができた」

7 まとめ

「運動会プロジェクトチーム」の取り組みを通して，次のような主体性のある子どもたちの姿が見られました。

- **チームや班の活動に進んで参加し，自分の考えを積極的に述べる姿。**
- **チームや班からの提案を受け，自分が出場する興味走の種目を決めたり，徒競走の距離を選んだりする姿。**

・仲間と協力しながら具体的な準備等の活動をしたり，意欲的に運動会当日の運営をしたりする姿。

これらは，「プロジェクトチーム」というシステムを運用したことによって生まれてきた，子どもたちの【自己活動力】【自己決定力】【実践力】の表れであると捉えています。そして，これらの力の育成が，

自治的能力の育成につながっていく

と考えます。

運動会の閉会式で，子どもたちは風船を飛ばしました。その風船は，「自分たちで『創った』運動会」という，子どもたちの夢で膨らんだもののようでした。これからも子どもたちの心の中にこのような風船が，いくつも膨らむよう，今後の教育活動を進めてまいります。

（土屋　雅朗）

運動会閉会式

【参考文献】
＊文部科学省『小学校学習指導要領解説特別活動編』東洋館出版社，2008
＊赤坂真二『スペシャリスト直伝！　学級を最高のチームにする極意』明治図書，2013

2 学級づくりの一過程として修学旅行の班づくりを捉える

1 修学旅行の班づくりにて

本稿をお読みの読者のみなさんは，修学旅行や校外学習，遠足での班づくりで次のような苦労をしたことはないでしょうか。

例えば，生徒に自由に決めるように言ったところ，「○○ちゃんとじゃなきゃ嫌だ」「この６人は絶対一緒になるんだ」というわがままを言う生徒が出てきてうまく決められない。逆に，教師やリーダーが考えて決めると，「こんな班，嫌だ」と文句を言う生徒が出てくる。そして，そんな生徒たちの声に振り回されて，不愉快な思いをしながら，事後の指導に右往左往する。「たった１日の班別行動のために，どうしてこんなに苦労しなきゃいけないのか」と，時間をかけて指導することがばかばかしく思えてくる…。

かくいう私も，上記のような経験があります。

もちろん，最初に「せっかく同じクラスになったんだから，今まで仲良くなかった人と仲良くなろうよ」という指導をしました。また，勝手なことを言う生徒には「たとえ思うような班じゃなかったとしても，それはあなただけじゃないよ。みんなでちょっとずつ我慢しようよ」と言って諭してみたりもしました。それでも，納得しない生徒，わがままを言う生徒がいる場合があります。そんな時，わがままを言う生徒やその周りの生徒たちの調整をしながら，「なんでこんな無駄な時間を取られなきゃいけないんだ，ただでさえ忙しいのに！」といらいらしたものです。

しかし，現在は，班決めをする際に，あまりいらいらしなくなりました。生徒がトラブルを起こすことなく，すんなりと班を決めるようになったからです。…と，格好よく言いたいところですが，何の揉めごともなくすんなりと班を決めることができる，そんな魔法のような方法なんてあるわけないというのが，今の私の正直な考えです。

でも，「いらいらすることがなくなった」というのは，本当です。トラブルは起こるけれども，あまりいらいらしなくなったのです。

それは，班づくりに対する私自身の考え方，捉え方が変わったからです。いや，班づくりと言うよりも，学級づくりについての考え方，捉え方が変わったからと言った方が正確です。

振り返ってみると，班づくりがうまくいかないと言っていらいらしていた頃の私は，トラブルの起きないクラスを理想としていました。だから，トラブルが起こるごとにいらいらしていたのです。

しかし，根本的に，生徒は未熟な存在です。未熟だからこそ学校に通うのであり，未熟だからこそトラブルを起こすのです。つまり，生徒がトラブルを起こすのは，当たり前のことなのです。

いつからか，そんな当たり前のことにいらいらしていても，しようがないと考えるようになったのです。

生徒は未熟であるが故に，トラブルを起こすのは当たり前。こう考えると，トラブルが起こるのは生徒の発達段階に照らして自然なことであると思えるようになります。また，そのトラブルを解決する過程を通して子どもたちを成長させるチャンスであるということにも思い至ります。

考えてみれば，修学旅行の班づくり（に限らず，体育大会や合唱コンクールなどすべての行事）は，学級づくりのゴールではありません。あくまでも，理想の学級に向かっていく過程であり，理想に向かう過程においてはトラブルが起こる方が自然なのです。

トラブルを，理想に向かう一過程と捉え，むしろそれを乗り越えることで理想の集団に近づくことのできるチャンス，あるいは生徒たちにとっての人間関係づくりや集団づくりの学習の場と考えることで，教師も生徒たちと一緒にどきどきワクワクしながら活動に取り組めるようになるのです。

2 修学旅行班づくりの実際

まず前提として確認しておきたいのは，自治的活動であるからと言って，「じゃあ，生徒に何の縛りもなく自由に決めさせればいい」と考えてはならないということです。自治的活動と言っても，教師のかかわりが絶対に必要です。というのも，仮に生徒に対して「じゃ，君たちで自由に決めていいよ」と言うとしても，その活動が学校教育の一環としてなされている限り，当然，その「自由に」という言葉には「学校という枠組みの中で許される範囲の」という目に見えない前書きが付いているからです。どうも，生徒の中には（あるいは教師の中にも）このあたりのことを勘違いしている者がいるように思います。

そういうわけで，生徒に「学校（あるいは担任）から与えられた枠組みの範囲内で」という部分をよく理解させた上で活動に入らせないと，「自由＝わがままが通る・自分勝手ができる」と勘違いする生徒も出てきます。

この，「学校（担任）から与えられた枠組み」が生徒にも共有・共感されていれば，そもそも深刻なトラブルは起きないように思います。また，たとえトラブルが起きても，「学校（担任）から与えられた枠組み」がはっきりしていれば，その枠組みを土台にして問題を解決することができるように思います。

それでは，以下に平成25年度の実践を紹介します。

私の勤務校では，３年生の５月中旬に修学旅行が実施されるため，以下に紹介する班決めは，学級開きから５日後に行われています。

まず，班決めの前提となる「担任から与えた枠組み」を確認しておきます。

① ２泊３日の修学旅行であるが，事前・事後も含めて，学習活動の基本は男女混合の班（この時は男３女３の６人班が４班，男４女２の６人班が１班，男３女２の５人班が１班という構成でした）であること。

② 修学旅行の班は学校生活の生活班も兼ねること。

③　修学旅行という学校外での活動も含む行事であるから，班長は必ず学級の三役（会長，書記，議長で男女各１名）が務めること。
④　ただし，修学旅行中，上記の班で活動するのは１日目の沖縄戦跡巡りと２日目午前中の美ら海水族館までで，２日目午後の体験学習は希望者が集まって班をつくり，また３日目のUSJは男女別の班をつくることにする。

上記の枠組みは，学年会で話し合って決めたものです。だから，全学級に共通理解が図られていました。こういうことを学年として共通理解しておくことは，とても大切なことだと思います。こういう枠が全学級に示されないと「隣のクラスの決め方の方がいい」「なぜこのクラスだけそんな決め方をするのか」などと，生徒から不満が出てくることになります。

さて，この時の学級には女子に何人かわがままを言いそうな生徒がいたので，最初に上記の枠組みをしっかりと示しておかなければならないと思い，次のような語りを入れました。

君たちが楽しみにしている修学旅行だし，先生は，君たちが自由に班をつくればいいと思っています。ただ，班をつくる過程でひとりぼっちの生徒が出たりするようなら，先生が決めます。また，「○○さんとじゃなきゃ，絶対嫌！」というわがままを言う人がいた場合も，先生が決めます。また，この班は生活班も兼ねますから，普段の学校生活，つまりは掃除とか給食活動，係活動，そして何より，学習活動がきちんと成り立つという約束ができないならば，自由に班を決めさせてあげることはできません。どうですか。今先生が言った条件がクリアできますか？　大丈夫だから，自分たちで自由に班を決めたいという人は立ちます。全員が立ったら，自由に決めることにします。

要するに，「自由に決めていいけれども，わがままは許さん」ということを生徒が理解し，わがままを言わないという約束をしてくれれば後は任せようという提案をしているのです。

この場面，全員に起立しての意思表示を求めているところがポイントです。「手を挙げなさい」という指示では弱いと考えます。起立することによって，教師を含む学級の仲間全員に対して「わがままは言わない，係の仕事と学習をきちんとする」ということを，はっきりと示させるわけです。当然，教師は，「本当に大丈夫ですね？」「今ならまだ座ってもいいですよ」などとゆさぶって念を押します。そんなふうに，言わば，教師との間に契約を結ばせるのです。ここまでやっておけば，その後はすんなり流れていく学級が多いはずです。

こういうのが，私の考える「学校（担任）から与えられた枠組みの中での自治」，つまりは学校における自治的活動なのです。

ところが，この時は一人，起立しない生徒がいました。学級の議長であり，生徒会役員も兼任しているＡさんです。

あれ？　おかしいなと思い，もう一押し，「もし，みんなで決められないのであれば，先生は，今のこの仮の席を修学旅行の班にします。考えるのも面倒ですから」と言い添えてみました。しかし，それでも，Ａさんは立ちませんでした。

実はこの場面，私は内心かなり焦っていました。というのも，学級が始まってから５日しかたっておらず，生徒の人間関係もまだ見えてきていない状態なので，担任である私が班をつくるよりも生徒同士で話をしながら班をつくった方が，うまくいくはずだと考えていたからです（これが１年生なら話は別です。私の方で采配したかもしれません）。だから，私としては，ここはどうしても生徒に班づくりをさせたいところです。しかし，「全員が立ったら」と言った手前，Ａさんが座っている限り，私が決めなければなりません。ここは，絶対に前言撤回してはいけない場面だからです*1。

ここで私は，「自分以外の生徒が全員立っているのに，それでもＡさんが立たないということは，何か深く思うところがあるに違いない。その思いを聞いた上で，勝負は明日に持ち越そう」と，とっさに考えました。

そこで，その場は全員を座らせて，「じゃあ，明日以降改めて，どうやって班を決めるか伝えるね」と伝え，授業の挨拶後すぐにＡさんを呼んで話を聞いてみました。Ａさんは，「**実は，以前，班長を中心に班を決めた時に班**

長に文句を言う人がいて，そういう文句が出るくらいなら，最初から先生が決めた方がみんなにとって平等かなと思って」ということを話してくれました。Ａさんは学級でも生徒会でも１年生の時からずっとリーダーの立場で活動してきた生徒でしたが，思慮深く優しいタイプの生徒でしたから，これまでもわがままを言う生徒の苦情をさんざん聞かされ，気に病んでいたのでしょう。

私はＡさんが話し終わった後，「**なるほど，そうか。Ａさんは嫌な思いをしていたんだね。そりゃあ，さっき立たなかったのもわかるよ。正直に話してくれてありがとう。それじゃ，班決めについては先生もどうするかもう一度考えてみるね**」と言って，彼との話を終えました。ここでは，Ａさんに共感しながら話を聞くことに徹しました。

しかし，Ａさん以外の生徒は私の提案に同意しているのだし，生徒が自分たちで班をつくった方が丸く収まるのは目に見えています。となると，なんとかＡさんを説得しなければなりません。そこで，他のリーダーたちの力を借りようと考えました。

翌日の朝学習時にＡさんも含めた班長６人を廊下に呼んで，Ａさんに断った上で，Ａさんがなぜ昨日の学活の時に立たなかったのかを説明してやりました。その上で，「そうは言っても，Ａさん以外は自分たちで決めるということに同意しているわけだし，みんなで自由に決めればいいと先生は思う。ただ，Ａさんの訴えにも切ないものがあるし，そのことはみんなに伝えた上で，男女に分かれて決めればいいと思うんだけど，どうだろう？」と話をもちかけました。

Ａさん以外の班長たちは「**あー，それ，わかるわかる。実は，去年，私も…**」と共感したり，「**まあ，今年のメンバーなら大丈夫なんじゃない？**」とＡさんを励ましたりしていました。また，私はこの時に「**じゃあ，具体的に，誰か文句言いそうな人がいるの？**」と班長に投げかけてみました。すると，何人か名前が挙がりましたが，Ａさん以外の班長たちがそういう生徒と同じ班になるというふうに話が決まりました。それでもＡさんはあまり乗り気ではなかったのですが，あとの５人のリーダーの「大丈夫，大丈夫！」と言う声に押される形でＡさんも自分たちで班決めをするということに同意しました。リーダー同士の話し合い（途中からは「作戦会議」という雰囲気になっていました）を経ることで，Ａさんの不安が軽減されると同時に，リーダーたちの「班づくりの際は，自分たちできちんと班員の調整を行おう」という意識が高まっていきました。

さて，１限目の班決めの時間を迎え，まず私から次のように話をしました。

修学旅行の班決めをします。

ところで，修学旅行って，何をしに行くと思ってる？ 「修学」って，「学を修める」と読むでしょ。勉強しに行くんですよ。じゃあ，そういう班にしないとね。

あと，修学旅行の班をそのまま生活班にしますから，当然，掃除も給食当番も係の仕事も，きちんとできなくてはいけないのです。もちろん，授業もしっかりと受けられるようでなくてはいけません。君たちに班決めを任せたいけど，今言った条件をクリアできないのであれば，任せられないよね。これは昨日も言ったよね。

あと，昨日，Ａさんが一人座っていたけれども，彼はリーダーをやってきた中で，班をつくった時に他の人から文句を言われたことがあって，とっても嫌な思いをしたんだって。先生は，中学校でも高校でも生徒会副会長をやって，大学時代は160人くらいの学生寮の寮長をやっていたので，何かを決める時にいろいろなところから文句を言われることのつらさがよくわかります。リーダーにそんな思いをさせるんなら自由には決められないよね。

でも，みんな大丈夫だよね。絶対に文句を言ったり不満を言ったりしてはいけませんよ。では，男女に分かれて，男子は３３３３３４，女子は３３３３２２の数の縛りになるように自分たちで班をつくります。リーダーを中心に声をかけ合って決めてください。どうぞ。

ここは，真剣勝負で語りかけました。特に，Ａさんが体験してきたつらい思いを，自分の経験と重ねて，共感的に語りました。この部分の語りは，教師としてというよりも，一人の人間として，自分のしてきた経験から感じたことを誠実に話そうという気持ちで語りました。生徒たちは，みな真剣な表情で聞いていました。

この後すぐに班決めに入ったのですが，Ａさんが心配したような嫌な雰囲気にはならず，むしろ，楽しい，和やかな雰囲気に包まれた中で，15分程度で班が決まってしまいました。

この時間の最後に，今回の班決めの活動の評価をしました。

今回の班決め，とっても和やかな雰囲気で話が進んで，みんなの力だけでとってもスムーズに班が決まって，先生はうれしく思います。年によっては，揉めたりすることがあるんですよ。でも，みんなは全然そういうことがなかった。すごいねえ。きっと，中にはちょっと我慢した人もいると思うんだけど，ありがとうね。そういう人がいてくれたから，スムーズにことが進むんだよね。

この１年，いろんなことがあると思うけど，今日みたいにみんなで乗り切っていけるといいね。

おそらく，班決めをしている15分だけを見ると，何の問題もトラブルもなく和やかな時間が過ぎているように見えたと思います。また，教師が一言も口を挟んでおらず，生徒がすべて自分たちで話をして班を決めていっているように見えたと思います。

しかし，ここまで書いてきたように，学年での共通理解のもとしっかりとした枠組みが設定され，不安な気持ちだったＡさんを班長みんなで励まし，班決めの作戦を班長同士で練ることでリーダーの意識を高め，学級全体にはＡさんの思いを教師が伝えておいたからこそ，生徒の自治的な班決めが成り立ったのではないかと思います。そんなふうに，教師が自治的活動を成立させるための言わば基礎工事をきちんとしたからこそ，生徒による自治的活動がうまくいったのだと思います。

そのように教師の基礎工事に成功の要因があったにしても，最後は，今後の自治的活動に自信をもって取り組んでいくための布石として,「自分たちでできたことが素晴らしい」という評価をするのです。そのような評価の積み重ねが生徒たちに「自分たちの力でできる」という自信をもたせることになり,その自信が「自分たちの問題は,自分たちの手で解決していこう」という意欲を引き出すのだと思います。

3 「望ましい集団生活の在り方」について学ぶ

上記実践の前年には,こんなことがありました。

その年は,班決めのための時間を確保できず,休み時間を利用して班を決めておくようにと指示を出さなければなりませんでした。

班決めの日の朝学活で,班決めの枠組みについて話した後,「じゃあさ,一応聞くけど,『○○ちゃんと一緒じゃなきゃ嫌だ!』(かなり大げさに,生徒が思わず笑ってしまうくらいの勢いで) なんて言う人,いる? いたら,立ってみて」と言いました。大げさな動作を入れて「○○ちゃんと一緒じゃなきゃ嫌だ!」というわがままが恥ずかしいことであるということを言外に示し,ここでは誰も立たないように誘導しようとしたのです。ところがこの時,クラスで一番のやんちゃ者のBさんが立ち上がったのです。

内心焦りつつ,「え,Bさん,マジで?」と聞いてみたのですが,「うん!」と,元気のいい返事が返ってきました。さらに,あろうことかBさんは,「おい,C,おまえもやろ」と,Cさんに話を振り,Cさんも「おお,そうやそうや」と言って立ち上がったではありませんか!

ここで,BさんとCさんをたしなめたり叱りつけたりするという選択肢は,私の中にはありませんでした。というのも,ここでBさんとCさんの指導を始めると,話が長くなる上,クラスの雰囲気も悪くなるだろうと考えたからです。また,BさんCさんは,学級の中でも浮きがちな存在であり,何とか学級の中に溶け込ませようとしていたところだったからです。

そこで,すぐに作戦を変更しました。とりあえず,この2人のわがままをクラスの男子全員が認めた上で進めていく方法を考えました。クラスとして「２人は特別枠ということでいいんじゃない？」というコンセンサスをつくり上げて，その２人の生徒が浮き上がらないようにしようと考えたのです。

「よし，Ｂさん，Ｃさんの気持ちはわかった。じゃあ，ＢさんとＣさんがこんなふうに言っているんだけど，他の男子はどう？　ＢさんとＣさんの言うことを聞いてやってもいいよという人は立ちます」と，他の男子に話を振り，ＢさんとＣさんの希望を受け入れた上で他の男子で調整していくということにみんなが合意して，朝学活を終えました。

しかし，私としては，このままではいけないと考えました。というのも，上記の対応だとＢさんとＣさんを特別扱いしている上，「わがままを言った者勝ち」ということを黙認することになってしまうからです。

そこで，また作戦を考えました。ＢさんとＣさんに，それぞれのわがままさを認めさせ，そのわがままを受け入れてくれたクラスの仲間たちに感謝の気持ちを伝えさせるという作戦です。

とりあえず，Ｃさんの方が私の話を聞いてくれるだろうと考え，まず，休み時間にＣさんを呼んで，話をしました。

「Ｃさん，今朝のことなんだけど，Ｃさんから，みんなに『ありがとう』って言った方がいいんじゃないかな？」「何で？」**「だってさ，ＢさんとＣさんが希望通りの班になるために，他の人たちがちょっと我慢したりすることになるじゃない？」**「そうかなぁ」**「そうだよ。気を悪くしないでね。まあ，君がＢさんとじゃなきゃ嫌だってのは，言ってみれば，君のわがままだよね」**「それはまあ」**「で，君のわがままを通すために，みんなは我慢することになるかもしれないわけだ。とすると，みんなは，自分の希望を横に置いといて，君のわがままを認めてくれたってことになるよね」**「うん」**「じゃあ，君のわがままを認めてくれたみんなに，『ありがとう』って言っておいた方がよくない？」**「わかった」とまあ，こんな調子で話をして，４時間目の最後５分くらい，フリーな時間があったので，早速クラス全体に対して，次のような話をしました。

「みなさん，聞いてください。今朝，ＢさんとＣさんが，どうしても同じ班になりたい人がいるって言った時に，男子はそれを認めてくれたよね。そのせいで自分が思うような班にならないかもしれないけど，ＢさんとＣさんのことを優先して考えてくれて，いい人たちだと思いました。ところで，そのことについてＣさんから話があるそうです。Ｃさん，どうぞ」。するとＣさんは前に出てきて，きっぱりと，「みんな，僕のわがままを聞いてくれて，ありがとう！」と言い切りました。私は思わず，「よし，それでこそ男だ！　いいぞ！」と声をかけました。クラスの中からも自然に拍手が起こりました。すかさず，「Ｂさん，何か言いたいことはない？」と聞いたのですが，「ない」という素っ気ない反応でした。「ここは，Ｂさんを追い込む場面ではないから，Ｂさんの方はこのまま流して，語りで全体に対する押さえをしよう」と考え，次のように語りました。

みんな，いいね。今日は，みんな，いい勉強をしました。ＢさんとＣさんを認めてやった男子，立派だし，優しいし，大人だなと思いました。

そういうふうに認めてもらったということを自覚して，素直に『ありがとう』と言えるＣさんも立派でした。いや，なかなか，ああいうふうに堂々とみんなに感謝の気持ちを伝えられるものではないですよ。

また，Ｃさん，君はクラスの仲間たちに認められているということがわかったよね。それも勉強だ。

女子は，そういう男子の姿から学ぶことができたでしょ。

今日は，みんなで，向上的に変容できたね。いいことです。

みなさん，学級目標に『15の春を笑顔で』ってあったよね。たぶん，最後にみんなが笑顔になるまでに，いろんなことがあると思う。でも，みんなで壁を乗り越えることで，みんなで笑顔になれると思いますよ。苦労せずにつかめるものなんてないんです。チームワークは，即席ではできないのです。今日のようなことの積み重ねが，いいクラスをつくっていくんです。みんなで気遣い合って，いいクラスにしていこうね。

この後，男子は昼休みにみんなで集まって，さっと班を決めていました。

上記の指導も教師主導で進めているのですが，Cさんが感謝の言葉を述べたことを集団の和を大切にする勇気ある自主的な行為と価値付けて，学級全体の自治的活動に対する意欲が高まるように語りかけています。

4 大切なのは教室で起こる事実を教師がどう価値付けるか

上記の二例から見えてくるのは，教師が，教室で起こる事実をどう見取り，どう価値付けて評価してやるかが大切であるということであるように思います。本稿の1にも書いたように，まずは未熟な存在である生徒がトラブルを起こすのは当たり前であると思うこと。そして，トラブルをやっかいごとと捉えずに，生徒の自治的活動の絶好の機会であり，成長するチャンスだと，まずは教師が心の底から思うこと。

教師がそのようなマインド・セットで指導に臨むことが，学級を自治的集団に育てていくための第一歩であると思います。

＊1　この場面で「全員が立ったら」という，教師が自分で規定した条件を教師の都合で外してしまうと，生徒は「ああ，この教師は，都合が悪くなったらころころルールを変える男なのだな」と思うに違いないからです。悪しき「ヒドゥン・カリキュラム」が形成されるのです。教師の言行が一致しないと，教師が意図しないところで，生徒は「この先生はたいしたことがないぞ」と学ぶわけです。逆に，こういう予期せぬ場面でも，自分で言ったことにきちんと従おうとする姿勢を示すことで「この先生は言ったことは妥協せずにやる人なんだ」ということを学ぶわけです。4月最初の段階ですから，絶対に前言撤回しないという覚悟が必要だと思います。

（海見　純）

3 行事を通して身に付ける自治的能力

1 「自治的能力」との出会い

2013年８月，成蹊大学教職課程研究会で都留文科大学の品田笑子氏をお招きして，お話を伺う機会がありました。「Ｑ－Ｕ（Questionnaire Utilities 楽しい学校生活を送るためのアンケート）」を用いた学級満足度の測定が主な話題でした。そのお話の中で「Ｑ－Ｕが高いクラスは自治的な雰囲気のあるクラスが多いです」というものがありました。

学力向上，大学進学に向けた進学・進路指導が高校生にとって大切な指導ではありますが，それと同時に学級が自治的な雰囲気であることの有用性を知りました。その時から，学級における自治的な雰囲気や生徒たち一人一人の自治的能力に関心をもち始めました。

2 高等学校における自治的能力

高校教員として今までに２回，卒業学年を担任しました。卒業式を迎えるたびに思うことは，高校卒業は小学校，中学校の卒業と意味が大きく異なることです。高校卒業後は，研究活動に邁進するために大学，短大へ進学する者，専門学校に進学する者，社会人として職業をもち社会に出ていく者など，一人一人がそれぞれの興味関心，与えられた環境や能力によって進路を選び，ばらばらに進んでいくからです。

いつまでも同年代の誰かと一緒にいられる，という用意された学校という環境から，考え方や年齢，立場，時には言語や国籍の違う他者と共生しつつ，自分一人で生きていく社会に出ていく時に「困らない力」を高校卒業までに身に付けさせることが高校の教員の使命だと思います。

それを鑑みて，私が考える高等学校における自治的能力は以下に掲げる三点であると考えます。

⑴　多様な考え方の中から，他者の立場に配慮して集団としての意思を決定する力

学級には様々な価値観をもった生徒がいます。自分の興味関心に沿って，勝手に物事を発信するのではなくて，他者の立場を理解し，認めた上で，集団としてよりよい意思決定をできるような力が必要だと考えます。

例えば文化祭での出し物でカフェをすることに決まったとしましょう。名称や，内容，係の役割を決める時に，自分のことばかり考えるのではなく，所属クラブや委員会から役割を与えられている他の人たちの立場になって，意見を聞き，役割分担をしたり，当日のシフトを組んだりすることで，全員が参加してよりよいカフェにすることを目指す態度が必要だと考えます。

クラスで一つの結論を出す時に，違う考え方や立場と折り合いをつける力が求められると思います。

⑵　集団で決定したことがらを大切にして，自分の役割を果たす力

集団で決定したことがらに対して，途中で文句を言ったり，諦めたりしないで，自分の役割を果たしていく力が大切だと考えます。難しい課題から逃げるのは簡単ですが，学級がチームとして結束していく過程で，個々人が役割を果たす力は非常に大切です。

例えば合唱コンクールでは各パートが責任をもって音取りをしてパートとしての役割を果たし，指揮者の指示に従ってハーモニーをつくりあげ，伴奏者との練習を経て曲が完成されます。途中で難しくて，諦めそうになっても集団での決定を最後まで尊重し，友達と挑戦し続けることに価値を置き，自分の役割を果たしてほしいと私は思っています。

それぞれの立場での役割を責任をもって果たすからこそ，よりよいものが生まれるのです。

(3) 集団がさらによいものになるよう働きかけ続ける力

行事が終わってもクラスは続いていきます。行事で学んだことを日頃の学校生活に活かし，磨き続け，集団がさらによいものになるよう，生徒たち自身が意識をもつことが大切です。時として，行事が終わったら学級の雰囲気がだらける時があると思います。過去にとらわれず，常に「昨日よりも明日」という未来志向で生きていく力や考え方をもたせたいと思います。

この(1)～(3)の三つの力が交わる部分にこそ，自治的能力が身に付いていくのだと思います。

3 自治的能力の土台となる要素

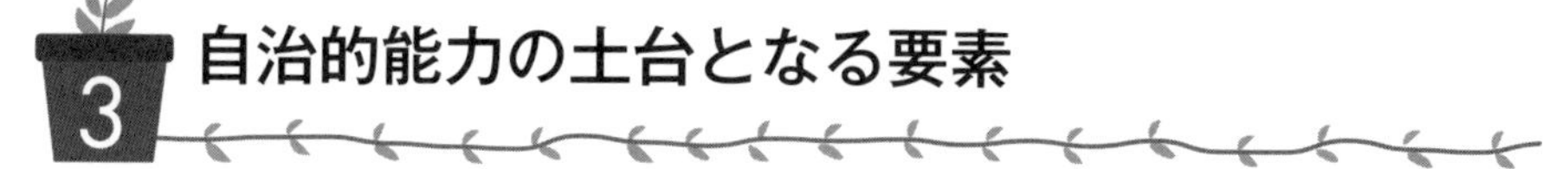

1で示したような自治的能力を伸ばすためには，必要な三つの土台があると考えます。

(1) 学級（学校）に対する所属感

生徒一人一人の居場所が学級の中にあり，所属しているという意識を一人一人がもつことがとても大切です。この学級でいられることを喜び，誇りに思い，貢献したいという気持ちを醸成する源になるからです。日常の学校生活や行事の中で「クラスが好き，みんなが好き」と言える生徒がたくさんいる学級を目指したいと考えています。

(2) 話し合う時間の保障

生徒たちの意見を交流させ，一つの結論に導くためには当然，十分な話し合いの時間を確保する必要があります。高校では教科担任制ですから，教科の授業を話し合いの時間に変える，などの変更はできません。また放課後は部活動がありますので，放課後の話し合いも難しい現状があります。そこで，給食の時間，帰りのホームルームやロングホームルームなどの時間を活用して，話し合いの時間を意識的に確保していく必要があります。

(3) 教職員全体の雰囲気と協力体制

1時間ごとに担当者が変わる中学校，高等学校のシステムでは，「自治」

というキーワードが共有されている雰囲気とその実現に向けた教職員の協力体制が必要です。幸いにして筆者の勤務校は女子校であり，女子の自立について教職員間に「生徒たちだけで協力して学校生活や行事を進めていく」という考え方が共有されているために，学校全体を通じて「自治」に向けて共通理解がもちやすい土壌がありました。

今回は上記の土台となる(1)～(3)の三点を踏まえ，合唱コンクールで自治的能力を身に付けさせる実践についてご紹介したいと思います。

4 自治的能力を身に付ける一実践～合唱コンクールを例にとって～

(1) 自治的な学級に向けた土壌づくり

2014年４月に出会った高校２年生は私が過年度において一度も教えたことのない生徒たちでした。初めて出会う生徒たちをまとめ，自治的な学級にしていくためにクラスづくりとして三点の実践をしました。

① 学級通信の発行

クラス単位で行われる授業を担当しないため，担任の思いを伝える場は朝と帰りのホームルームと学級通信ぐらいしかありません。高校において担任の思いを伝える学級通信は大切なものなので，私は月１回発行しています。

まず第１号として４月，学級開きのタイミングで第１号を発行しました。

担任の思いとして，以下の四点を学級通信を用いて指導しました。

クラスで守ってほしいことがあります！

一人一人が……

○思いやりをもつ（みんなのことを大切にしましょう！）

○互いの違いを認め合う（みんな違います！）

○協力する（気配り・心配りができるようになろう！）

○いじめを絶対に許さない気持ちを忘れない（いじめは最低です。絶対に許さない気持ちを）

クラスは「みんな」でつくるものです。一人一人が意識しましょう。

（学級通信　2014年４月号　一部抜粋）

生徒たちは真剣に話を聞き，こちらの語りに耳を傾けてくれました。学級開きの日に担任の思いをダイレクトに伝えることはとても大切なことだと実感しました。

②　我がクラスだけのオリジナルのもの

クラスに対する帰属意識を高めるために私はクラスだけのオリジナルのものを作るようにしています。学級旗や，クラスの歌などを作られている先生方もおられるかと思います。現在の学校ではホームルームに長い時間をかけることができないために，クラスの合い言葉をつくって，オリジナルにしています。ことあるごとに学級通信や生徒に行事が終わるたびに渡す写真にその言葉を添えるなど，適宜使っていきます。短い言葉で，皆が覚えられる，意味のある合い言葉がつくれたらよいと思います。

③　話す時間の確保としての宿泊行事

勤務校では各学年に２泊３日の宿泊行事があります。毎年静岡県にある施設に行き，お招きした講師の話を聞いて，その話をもとにクラスで話し合いをする，という行事です。講演の内容は人間関係だったり，人生全般の話題を扱ったりします。この講演を受けた話し合いでは，生徒自身の将来の夢やそれに向けて頑張っていること，家族のこと，友達のこと，人生のことなど様々な話題が話されます。そのような話し合いをするので，人の話を聞く態度や，話を聞いてくれる友達や先生がいるという安心感で多くの生徒は満たされているようです。最終日には今回の行事を経て，日頃の学校生活に活かせることをそれぞれのクラスの事情に合わせて話をしていきます。

2014年度の講演内容はよりよい人間関係構築に向け，他者をエンパワーする手法や，よい聴き手になる（傾聴する）ための手法を具体的にお話しいただくものでした。クラスの話し合いでは，涙ながらに自分の家庭の話をする者，いじめ体験を話すなど，人間関係での問題を乗り越えてきた話をする者など全員が心を開いて話をすることができました。人を励ます言葉や，人の話をよく聴いてあげる雰囲気などが話題になり実践していこうということになりました。

(2) 合唱コンクールのはじまり

私が１年の中で一番重要視している行事は合唱コンクールです。指揮者，伴奏者を決め，選曲する。そして，パートに分かれ，練習を経て本番に向かう一連の過程の中で自治的能力を学ぶことが多くあるからです。

2014年度の学級（高校２年生36人）において，選曲が19対17と拮抗しました。多数決により決まった曲は女声合唱とピアノのための組曲『獅子の子幻想』より「都の春」（蓬莱泰三作詞，鈴木輝昭作曲）でした。音楽の教員からは「12学級中，一番テクニック的には難しく，皆が敬遠する曲」との評価を受けていた曲でした。過去に担任してきた学級では，全員が納得した上での選曲という前提があったので，票が割れたという点では新しいできごとでした。また指揮者は体育会系の部活所属で，指揮者としての経験はありませんでした。クラスの生徒たちは皆が，難しい曲を選んだという自覚があり，新しい曲に挑戦することにワクワクしつつも，本当に完成されるのか半信半疑のような不安な状態でスタートしました。

曲の決まった日の帰りのホームルームで私は「みんなは難しい曲に自ら挑戦しようという素晴らしい姿勢を見せてくれました。素晴らしいことです。担任としてとてもうれしく思います。みなさんならよい曲にできると思います。ぜひ頑張ってください」と声をかけました。私自身が「難しいけど大丈夫？」などと声をかけるのではなく，あなたたちならば大丈夫，と信じる姿勢を見せた方がよいと思ったからです。その日に出した学級通信が以下のものです。

いよいよ６月，合唱コンクール！

５月が終わりを迎え，いよいよ６月。合唱コンクールが近づいてきました。合唱コンクールは２組の団結を深め，曲を仕上げる，という行事です。合唱コンクールを通して学んでほしいことが三つあります。

1．他者とのかかわりの中で生きていること

（合唱は一人だけではできません。）

2．他者の気持ちを考え，思いやる態度をもつこと

（日頃からの積み重ね。練習期間内の当番，係活動を円滑にして，よい練習ができるよう一人一人ができることを実行しましょう。）

3．指揮者，伴奏者，パートリーダーを支え，一人一人が全力を出し切ること

（みんなの『全力』がこのクラスを一つにします！）

この三つが学べたら，金賞以上の結果が与えられると思います。

（学級通信　2014年６月号　一部抜粋）

合唱コンクールで生徒たちはそれぞれの目標をもち，参加していきます。どのクラスも「金賞取るぞ！」と意気込むわけですが，私は「金賞以上の結果が得られる」として，合唱コンクールを通して身に付けられる力を価値付ける学級通信を出すことで，担任としての思いを伝えました。今思えば，生徒たち以上に私が「この曲ができるのだろうか」と不安になっていたのだと思います。

⑶　音取りで苦労　最初の関門

音程のすさまじい跳躍や奇異なリズムや変拍子が多用されている曲であったために最初の段階からつまずきがありました。特にメロディを歌わない，メゾソプラノ，アルトパートの音取りに苦労していました。そこで動き出したのが合唱部の生徒たちでした。私のクラスには合唱部の生徒が４名いて，それぞれのパートに分かれ，音取りを指導し始めただけではなく，自身がいた元々のパートから音取りで苦戦しているパートに異動までしてくれたのでした。その合唱部の生徒たちの動きの効果は大変に大きく，音取りを十分にすることができました。

また学級委員が中心となり，班活動の分担を見直すことにしました。生活班で分担するのではなく，練習期間中はパートごとに活動を分担するように

しました。例えばソプラノパートが給食の当番として活動している間，メゾソプラノ・アルトパートの生徒たちは教室の片隅に集まって練習するように配慮していました。生徒たちからの発案でしたが，大変に妙案だと思いました。これもパートごとの練習を効率化させ，音取りに寄与することのできた実践でした。

⑷　合わない指揮

音取りで苦戦する中，３パートで合わせる場面になるともう一つの問題が出てきました。それは，指揮と歌，ピアノが合わないということでした。指揮者経験のない指揮者Ａさんは，曲の途中で指揮ができずに止まってしまったり，違った合図をパートに出してしまったりしていました。私は吹奏楽部の顧問をしつつ，指揮をすることもあるため，合唱練習を見に行くと，Ａさんが寄ってきて指揮の振り方について質問をしてきました。１回だけならよいかと思ったのですが，その後，２回，３回と聴きに来るようになりました。

最初のうちは少しだけなら，と相談に乗っていましたが，曲が進むにつれて，練習時間内でも構わずに私に助言を求めるようになりました。合唱の練習ではなく，指揮の練習になってしまっていることに気付き，私は意図的に練習時間の初めから見に行くのをやめました。指揮を完成させるのではなく，どんな振り方でも合唱をまとめ，生徒たちの力だけで曲を完成させることがクラスの成長のために必要だと感じたからです。

数日後に練習を見に行った時に，一曲をすべて通すことができるにまでなっていました。帰りのホームルーム後で，指揮者を呼び，「一曲通せた！素晴らしい！」と声をかけました。彼女はうれしさのあまり，大粒の涙を流していました。

担任として，頼ってもらえるのはうれしいことです。しかし，いつまでも頼られているわけにもいきません。担任としての立ち位置を大切に考えなければならないことを学ばされた瞬間でした。

⑸　認め合い，指摘し合い，高め合う練習

曲が通せたことにより，完成度を高める練習が始まりました。それぞれのパートを3組に分け，1パートずつ2人，合計6人で歌い，それを他の生徒は聞いてアドバイスをするというものでした。

この練習の結果，一人一人の声で合唱が成り立っていることを再確認することができました。この時に一人の生徒が，こんな話をしてくれました。

> 「先生，普段，小さな声で話している子の声でも，合唱の中では大切なんだとわかりました」

合唱は一人では成り立たない。いろいろな人の声で織り成すハーモニーの大切さに生徒たちは気付くことができました。この練習の成果が出て，合唱コンクールに向けてさらに練習を重ね，いよいよ本番となりました。

⑹　当日までに担任の私が一貫して指導していたこと

⑴～⑸まで，時系列的に生徒が合唱コンクールに向けて行っていたことを解説してきました。この練習期間を通じて担任として私が一貫して指導していたことが二つあります。

一つ目は練習の成果の録音です。毎日の練習の一番最後の演奏をiPhoneを使って録音していました。自分たちの演奏を客観視し，翌日の練習に活かす材料となりました。

二つ目は練習の終わりに，とにかく何か一つのことをほめることを心がけました。かつ舌がよかった，歌詞に心がこもるようになった，曲に強弱がつき表情が出てきた，などです。全員が歌が好きで，うまい，ということはありません。中には学校行事だからと渋々歌っている生徒もいると思います。モチベーションを失わずに，短い言葉で評価して合唱コンクールへ向かわせることに徹していました。

⑺　合唱コンクール当日を迎えて

いよいよ合唱コンクール当日を迎えました。生徒たちは自信をもって演奏に臨みました。演奏の後には「おぉ」という歓声とともに万雷の拍手を受け

ることができました。

拮抗した曲選び。全員が一致して選んだわけではない難曲を全員で仕上げることができた喜びと達成感は言葉にできないものでした。

コンクールの結果は「銅賞」（12学級中３位）でした。36人全員で手に入れた成果を生徒たちは皆で味わうことができました。

5 クラスのその後

コンクール翌日，号外と題して学級新聞を発行しました。

> **祝　合唱コンクール銅賞受賞！**
>
> **みなさん，合唱コンクール銅賞受賞，おめでとうございます！　私にとっては，３回目の高校２年生担任で，初めて努力賞以上の賞をいただけたことは，大変な喜びです。みなさんの毎日の頑張り，諦めない心，本気は私を勇気付けてくれました。本当にありがとう。**
>
> **さて，合唱コンクールは終わりました。しかし，このクラスはこれからも続いていきます。これからはこの銅賞を全員で『育てる』ことを目指していきましょう。「日頃の積み重ねが未来につながっていく」「昨日の自分よりも，今日の自分。今日の自分よりも明日の自分」常に未来志向で高めていきましょう！**
>
> **（学級通信　2014年号外　一部抜粋）**

合唱コンクール翌日に「合唱コンクールは終わったので，次に向かいましょう」と促すのは一見，冷たさを感じるかもしれません。しかし，いつまでも過去の栄光にとらわれ，合唱コンクール気分に浸られてもいけないと勇気をもって生徒たちに伝えた言葉です。人生は続いていきます。過去の学びを未来につなげることを生徒に学んでほしいと思います。

合唱コンクールだけではなく，体育祭，文化祭，授業，部活動を通してすべての学校教育活動の中で自治的能力を向上させて，将来，社会に出ても困らない力を身に付けた生徒たちを育てたいと思います。

6 忘れられない合唱コンクール

今までに述べてきたのは2014年度の生徒たちのことです。この生徒たちの高校生生活はまだ続いていきますので，今後のことをお伝えするのはまたの機会となります。

最後にご紹介したいのは，2013年度の卒業生のことです。

2014年３月。2013年度の卒業生を担任として送り出しました。この生徒たちは私に自治的能力の何たるかを教えてくれました。彼女らとの生活の中で担任として学んだことが2014年度につながっています。最後に2013年度の卒業生のことについて触れておきたいと思います。

2013年度の卒業生は「学校がとにかく大好き」な生徒たちでした。宿泊行事の総務会議は生徒たちが司会をしました。オーストラリア修学旅行の自主行動範囲と行程を生徒たちが中心になって決めました。体育祭や文化祭では全校生徒を上手に先導して行事を成功させました。卒業アルバムだけでは満足できず，クラスごとのアルバムを作ることもありました。学年の雰囲気は大変さわやかで，仲違いがない学年でした。生徒たちの根底は「学校が大好き，友達が大好き，先生が大好き」という土台がありました。学校が，友達が，先生が大好きだから自分たちで生活を築こうとするのだと思います。

2013年度の合唱コンクールは私の教員人生の中で忘れられないものになりました。「僕が守る」（銀色夏生作詞，上田真樹作曲）という曲を全員が納得して選曲しました。「いつか君が僕を守ってくれたこと／僕は／ずっと／ずっと／忘れないよ」という出だしで始まるこの歌は，卒業後も生徒たちの心の支えになっている歌です。

この曲で生徒たちは金賞受賞を目指して練習していましたが結果は銅賞でした。しかし，結果ではなく，指揮者も伴奏者も歌いきった他の生徒たちも達成感に満足していたようでした。

その日の帰りのホームルームに行った時のことです。教室には生徒が誰もおらず，黒板には「音楽室に来てください」の文字がありました。私が音楽室に行くと，生徒たちは合唱の隊形に並んでいました。「もう一度先生に歌を聴いてもらいたい」と私のためだけに準備してくれた演奏会でした。生徒たちが全員泣きながら歌ってくれたあの歌声はいつまでも私の心の中に残っています。人を感動させるために，自分たちで何かを企画する力は自治的能力の一つだと感じました。合唱コンクールが終わってもこの生徒たちは私の誕生日を全校放送で祝ってくれたり，卒業式の時には私が寂しくならないようにと人形を作ってプレゼントしてくれたりしました。誰かが中心になってやったことではなく，クラスの全員が協力して達成したことです。

2013年度の卒業式の卒業生代表の感謝の言葉（答辞）には，生徒たちがどのように学校生活を送っていたかが手に取るようにわかりました。その一部をご紹介します。

> ６年間，共に過ごした皆へ。
>
> 太陽みたいな笑顔で周りを明るくしてくれた友達。苦しい時，悩んでいる時に，何も言わなくても一緒にいてくれた友達。壁にぶち当たった時，一緒に乗り越えようとしてくれた友達。そんな友達がたくさんできた学校は私の宝物です。

友達がたくさんできる学校が宝物である，とはっきりと表明できた素晴らしいスピーチだったと思いました。

高校では授業も部活も大切。行事も大切。進路指導も進学指導も大切です。でもそれよりも大切なことは，友達がたくさんでき，その他者のために何かをしようと心を砕いて考えて実行する力だと思います。そんな生徒の自治的能力を伸ばし，社会に有用な人材を輩出していく高校教員でありたいと思います。

（柴﨑　明）

自ら向上する子どもを育てる学級づくり

評価編

1 自治的活動の評価方法

1 成果を測るのは目標と評価

物事の成果を測るのは評価です。子どもが主体の自治的活動にも評価が必要です。しかし，自治的活動は「子どもたちが仲良くなったように見える」「自分たちで考えて行動するようになってきた」など感覚で伝わってきても，眼に見える成果が残りにくく，評価するのが難しい分野でもあります。自治的活動の評価を難しいと感じる原因は，教師が目標を意識せずに評価をしている場合がほとんどだからです。どのような活動にも，その活動を通して「育てたい力」があります。この「育てたい力」が目標です。あとは「育てたい力」に対して，子どもが「どの程度，育ったか」「どのように力を付けようとしているのか」を評価します。つまり目標＝評価と考えればいいでしょう。また活動を評価するには，活動中の子どもを見取るための「子ども理解」が必須です。教師の評価活動は子ども理解の上にあります。まずは子ども理解をすすめましょう。

実は，子ども理解の方法は，「観察法」「面接法」「質問紙法」の三点しかありません。教師は無意識のうちに，この三つで子どもを理解しています。

まず，観察法です。観察法は，教師による行動観察です。子どもの活動している姿を観察して，その様子や変化を捉えていきます。「誰が，どこにいて，何をしているのか」を観察で見取っていきます。気になることや「これは！」と思ったことをメモしておきましょう。クラス会議中の子どもを観察する時にはクラス名簿をＡ３に拡大コピーして気になったことを，その子どもの欄に書くようにすればいいでしょう。

このメモは評価をする時に，見取りたい観点とその他の観点に区分する時に役立ちます。

【教師のメモ例】

5/24		「『逃走中』をやろう‼」
1		自分から司会をかって出る。時間調整と意見まとめをしている。
2		自分の意見を通したい…。
3		☆自分から意見が言えた。初
4		黒板を使って，意見をまとめている。→論の point を指摘。
5		自分の意見を通したい…。
6		「全員が楽しむ」を主張。
7		「ケガをしない」「水分をとる」ための意見　good。
8		黒板でまとめ／全員が楽しめるルール提案。
9		考えているが，思いが出せていない…。
10		全員の意見を出すように促した→多数決否定。
11		意見を聞き直す。→それを自分に取り入れた。
12		「何のためにするのかを考える」と発言。めあての意識？
13		「やってみて，その時にルールを変えても…」柔軟性？
14		会議の停滞をとめる。→周りを見ている。
15		「○○，○○さんに聞きます」指名できるようになった。
16		議題提案をした。議題理由も good。
17		もっと意見がほしい…。
18		ルールまとめの意見 good。
19		自分の弱みが言えた。全員の意見がまとまった。
20		「まず，やってみる」→ good。迷っていた子どもがいなくなった。
21		「みんな大スキ‼」→ good。
22		「みんなともっと仲良くなりたい」定義付けできた。

次に，面接法です。面接法は，授業中のやり取りだけではなく，子どもとの何気ない会話も含めすべての面接が当てはまります。子どもが「何に関心をもち，どの程度の理解か」などを見取ります。例えば，朝の時間に子どもが昨夜見たテレビ番組のことや最近，はまっている遊びについて話してくるでしょう。その会話の中で，子どもの様子を見取ります。テレビ番組の話からは，その番組の放送時間はテレビを見ていることがわかりますし，内容をどの程度理解できているのかで，子どもの好む内容やどの程度のことなら理解ができるかもわかります。子どもによっては文章にしにくいことを言葉にするので，子どもが「何について話しているのか」をしっかりと聞きましょう。

最後に，質問紙法です。質問紙法は，ペーパーテストやアンケート，振り返りシートなどに自分の考えを記述する方法です。質問紙は，活動の最中や最後に自分の思いを書かせて，振り返り活動に使うなど，自治的な活動の評価には欠かせません。自分の思いを振り返る活動を繰り返すことで「よりよい自治をしていこう」という意欲が高まるだけではなく，自分の育ちを客観視できるようになり自己肯定感も高まっていきます。

以下に，低学年用と高学年用の感想シートをあげておきます。低学年用は選択設問を，高学年用は記述を中心にしています。

〈振り返りシート例〉

ワハハ会ぎ　かんそうしーと

2年　くみ

今日の会ぎは　どうでしたか？　あなたの思いに　ちかいものに　○をつけましょう。
もちろん　心に思ったことを　書いてもいいよ！

1　「めあて」を　かんがえて　いけんを言えた。

とてもできた　できた　あまりできなかった　できなかった

2　友だちの　いけんを　しっかりと　聞いた。

とてもできた　できた　あまりできなかった　できなかった

3　今日の会ぎは　まんぞくできた。

とてもできた　できた　あまりできなかった　できなかった

4　心に思ったことを　書きましょう。

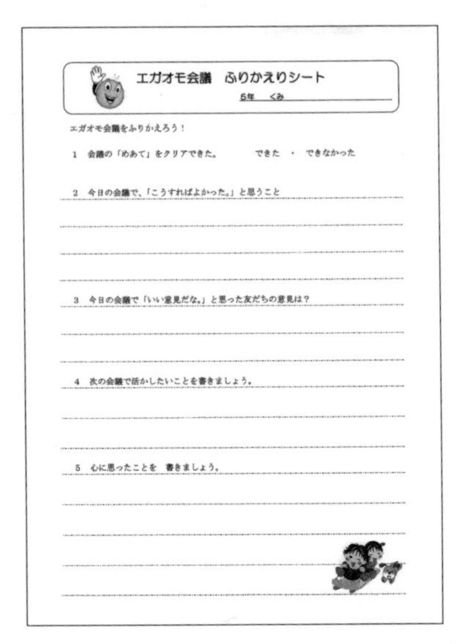

エガオモ会議　ふりかえりシート

5年　くみ

エガオモ会議をふりかえろう！

1　会議の「めあて」をクリアできた。　できた　・　できなかった

2　今日の会議で、「こうすればよかった。」と思うこと

3　今日の会議で「いい意見だな。」と思った友だちの意見は？

4　次の会議で活かしたいことを書きましょう。

5　心に思ったことを　書きましょう。

この三つの方法に共通して言えることに「子どもの事実だけを見取る」があります。子どもを見取る側の教師に bias や偏見があると，正しく子どもを見ることができません。

例えば，次のような事例があります。５年生のクラス会議の様子です。その教室にはＡ子とＢ子という，いつも一緒の仲良しの２人がいました。そのＡ子が，クラス会議中にＢ子の意見に賛成し支持しています。クラス会議の議題は「高齢者施設訪問の時にお礼でする出し物は何にするか」でした。大方の意見が「学校生活を劇にする」にまとまりそうだったのですが，Ｂ子の「紙芝居にしたい」という意見を支持する子どもが数名残っていました。その中にＡ子もいました。他の友達がＡ子に「なぜ賛成するのか意見を聞かせてほしい」と言っても，理由が言えません。それを見ていた教師は「理由もなくＢ子の意見を通そうと味方をしている」と判断していました。しかし，これは「Ａ子の意見を支持している」という事実ではなく，「Ａ子とＢ子は仲良しだから，Ｂ子の意見を支持している」という教師の偏見が入った事実です。すると，次の日にＡ子は，このクラス会議の感想を日記に書いてきました。その中にＢ子の意見を支持した理由が書いてありました。

> 「今日のクラス会議で私はＢ子ちゃんの意見に賛成でした。途中Ｃ子ちゃんに『なぜ，その意見がいいの？　理由を教えて！』と言われたけれど言えませんでした。恥ずかしかったというのもあるけれど，紙芝居ならおじいちゃんたちのところへ置いて帰って，いつでも見てもらえるからです。でも，自分たちで作った紙芝居をあげたくない人も，きっといます。その人たちに反対されるのが嫌でした。次のクラス会議では自分の意見を言っていきたいです」

Ａ子は，祖父母と暮らす３世代家庭でした。そこで議題について，クラス会議の前に，「何が喜ばれるか」を祖父母と話をしていたのです。Ａ子には，施設の方たちに，ずっと楽しんでもらいたいという願いがあったのです。

この事例のように，行動観察だけでは，子どもの内面までは見取れないことが多々あります。他の方法と併せて総合的に子どもを見取ることが非常に重要です。

2　自治的活動の評価の方法

自治的活動の評価方法には，「行動観察」「振り返り」「ポートフォリオ」「感想交流」などがあります。具体的には，教師による行動観察と子ども同士の相互評価などによる外部評価と，振り返りシート，感想交流などによる自己評価です。この２種類の評価方法を併せて評価をするようにします。この時に大切なのは，教師の思っている評価と子どもの自己評価にズレが出てくることです。教師が「頑張っているな」と好意的に受け止めていても，子ども自身は「僕はまだやれるのに，これだけしかできなかった」と低い評価をしている場合があります。このズレを少なくするために，子どもの考えを聞いたり，感想に書かせたりすることが必要です。

では具体的にどのような評価方法があるのかを見ていきましょう。

一つ目は，行動観察です。行動観察は，活動を評価する基本になります。

教師が活動中の子どもの様子を観察して評価します。先述しましたが，ここで大事なことは「教師の偏見や bias」を入れずに事実だけを見るということです。この教師の偏見が入らないようにするために，エピソードを記録するという方法があります。これは子どもを観察していて，印象的なエピソードを記録して評価に活かす方法です。話し合いの中でみんなを納得させる発言をしたり，活動中に活動の目標に迫る行動をしたりしたことなどを記録しておきます。

この記録は教師の評価の根拠となるものです。活動目標に照らし合わせて事実を記録しておきましょう。また，評価の観点以外にも気になる事項があれば記録しておくとその後の指導に活かすことができます。

二つ目は，自己評価です。自己評価は，自分で自分の活動を評価することです。自己評価をすると自分がやらなければならない学習や「どのように学んだのか」といった学習方法を知ることができます。このことは評価したことを次に活かし見通しをもつことができる「学習としての評価」と捉えればいいでしょう。次の学習への見通しがもてるようになれば，自己の学習意欲への関心を高める有効な方法です。

自己評価は話し合いや活動の後にアンケート形式で回答させたり，感想を書くことで振り返らせたりする方法があります。

【振り返りアンケート（設問例）】

1　今日の会議の「めあて」をクリアできましたか。

2　今日の会議で，「めあて」をクリアできた人は，その理由を書きましょう。
クリアできなかった人は，クリアできなかった理由を書きましょう。

3　次の会議で，頑張りたいことを書きましょう。

自己評価で有効なものに「成果を可視化でする」というものがあります。例えば，マラソンカードや縄跳びカード，音読カードなど，自分が目標を達成できたと思ったら，色を塗ったり，シールを貼ったりするワークシートなどが当たります。

しかし，この評価方法は回数を対象にしているものなので，評価したいことの質を見ることができません。自治的活動でも，はじめは発言回数や質問回数を色塗りやシールで評価し発言回数が増えて，会議が動き出したら質を評価するようにしましょう。

三つ目が，振り返り活動です。振り返り活動は，子どもに自己評価させるのに有効な方法です。これを元にして教師は，子どもの内面を理解しやすくなり，教師の評価とのズレを摺り合わせることができやすくなります。また振り返りには発表とワークシートなどへの記述がありますが，評価資料として残すために，授業中に書けなかった時には，宿題にするなどして，必ず書かせるようにしましょう。

次に，クラス会議の感想を二つ紹介します。それぞれ子どもの変化を振り返りの文章から見つけることができます。

①【C子の振り返り】

今日のエガオモ会議（会議の名称）で，はじめて黒板で自分の意見を説明しました。自分でも知らない間に，立ち上がって説明をはじめていたので驚いてしまいました。きっと「私の思いをわかってもらおう！」と思っていたからだと思います。「私にもできるんだ‼」って思えました。はじめて「私ってすごい！」と思いました。次の会議もがんばるぞ！　エガオモ会議が大好きです‼

C子は小学校３年生です。普段は，もの静かで人とあまりかかわろうとしない子どもでした。クラス会議の中でも，意見を促されれば発言することが続いていました。この感想は，５回目の会議のものです。「夏休み前パーティーをしよう！」を話し合っていました。「ドッジボールを入れたい」「ゲームをたくさん入れたいから場所移動をしたくない」と意見が分かれていた時です。

突然，C子が「意見を聞いてください」と立ち上がり，黒板でプログラム案の上に番号を書きながら，どういう順番ならドッジボールもして，ゲームもたくさんできるのか，時間を有効に使えるのかの説明を始めたのです。C

子の主張は「はじめの会を体育館でして，そのままドッジボールをする。次にミニオリエンテーリングをしながら教室に戻ってゲームをする」というものでした。活動の中心を教室と考えていた子どもたちには「あっ！　そうか！」という顔が広がりました。それと同時に意見を言ったＣ子への拍手が起こりました。照れくさそうにしているＣ子に確かな成長が見られた瞬間でした。

この会議以降，Ｃ子は自分から友達にかかわっていったり，積極的に意見を言ったりするようになりました。

②【Ｄ男の振り返り】

今日の会議は，みんなの意見がバラバラだった。よくまとまったものだなあ。でも，みんなが本気で自分の思っていることをを言えるっていいなあ。腹も立ったけれど，前みたいに言いたい人だけ言って，本当はガマンしている人がいるよりも，スッキリします。うちらのクラスはやっぱり最高だ‼　終わった後に，みんながニコニコしていたから，みんな満足したんだな。クラスみんなのことを考えて，議題を出してくれたＥ子ちゃんの勇気と優しさに助けられたような気がします。

この感想は，Ｄ男が小学校５年生の時のものです。クラスの実態としては女子のグループ化が始まり，グループ間でぎくしゃくすることが，度々見られる頃でした。さらに，それに数名の男子が参加しているような状態です。その現状を，どうにかしたい女子から「クラスの様子がおかしい，前のようなクラスにしたい」という議題が出されて開かれた会議での感想です。この時のＤ男は，周りの友達に流されて女子のグループと行動をともにしていました。

会議中にＤ男が感じていた「前みたいに言いたい人だけ言って，本当はガマンしている人がいるよりも，スッキリします」という文章から，彼が会議の変化に気付いていたことや「終わった後に，みんながニコニコしていたから，みんな満足したんだな」から，友達の表情を見て会議のねらいを達成できていることを感じていることがわかります。
さらに，「クラスみんなのことを考えて，議題を出してくれたE子ちゃんの勇気と優しさに助けられたような気がします」と，クラスが望ましい現状ではなかったことやE子によって助けられたことが綴られていました。この最後の一文を，この日の終わりの会で子どもたちに紹介することで，D男の気付きとE子の思いをクラス全員で共有しました。
四つ目が，ポートフォリオ評価法です。ポートフォリオとは紙挟みのことです。活動中に使ったもの（活動予定表，司会のシナリオ）や振り返りワークシートを綴っていきましょう。
ポートフォリオで記録を残すことによって，クラス会議や活動ごとに自分がどのように考えていたのかを振り返ることができます。つまり「自治的活動をする中で，どのような課題をもち，どのように考えて，どのような判断をして，どのような活動をしたのか」を見ることで，子どもは「ああ僕は，こんなふうに考えたから，こうしたんだな」と，自分の思考過程を客観視することができるのです。このことは子どもの自己評価にも結びついていきます。また，子どもが自分の思考過程を知ることは，学習への見通しをもつことにもつながっていき，他の教科の学習にも活かされます。
ポートフォリオは，子どもの活用したものが一つにまとまっていれば，クリアファイルやフラットファイルなどを購入しなくても台紙に貼り付けるようなものでかまいません。そして，このポートフォリオは，クラス会議の記録としても活用できます。つまり教師が評価する素材として活用できるのです。ぜひ，作成しましょう。
五つ目は，相互評価です。クラス会議後に「友達のよかった発言」を相互評価します。全体の場でもいいですし，隣同士でよかったことや感想の交流をしましょう。
自分の感じたことや考えたことを友達と分かち合うことは，大きなポイントです。自分たちが体験したことにより，「どんな感じがしたのか」「どのような感情をもったのか」を発表し合うことで，「僕はこうだったけれど，○

○ちゃんはそんなふうに思っていたんだ」ということを知ることができます。これは，友達の考えを理解することだけではなく，「そんな見方があったんだ」と新しい見方を身に付けることができます。友達の感想を聞くことは，その後の活動に大いに役立ちます。

時間の都合などで思いをシェアリングできない時は，日記やワークシートなどに感想を書かせ，それを教師が代読したり，学級通信に載せたりして分かち合うことをしましょう。もちろん学級通信に掲載する時には，子どもと保護者の承諾を得るようにしましょう。

3 評価のポイント

評価のポイントは「自分たちで立てた目標を達成しているのか」を明らかにすることです。子どもたちに目標を意識させて活動させることで活動の質も上げることができます。しかし，目標を立てただけでは，せっかくの活動による子どもの成長が把握できません。そこで目標を立てると同時に「何をすれば目標を達成したのか」を明らかにしておきましょう。

例えば，目標に照らして「振り返りや感想の中にこんなコメントがあればいいな」という言葉を予め用意しておきます。その言葉の数や質で評価していきましょう。

もちろん，それだけでは子どもの成長の一面しか見られません。また，選んだ言葉が絶対に正しいとも言えません。評価資料に教師の行動観察を加えて，より正しく評価できるようにしましょう。

では具体的な事例を紹介します。まず，クラス会議の評価事例です。クラス会議を始めて２か月ほどの小学校５年生での事例です。

この会議を実施したのが６月でした。この時期になると，どの子も自分の考えを発言するようになります。目標を決める時の意見に，ある子どもが「話し合いは，意見を出し合って，みんなが満足するゴールを見つけることだから，友達の意見に自分の意見を付け加えるようにしないといけない」と発表しました。その意見に多くの子どもが賛成し目標が決定しました。

【会議の目標】友達の意見を活かして，自分の意見をつくる。

これは大人の話し合いでも同じことが言えます。この意見を聞いた子どもたちは全員が納得していました，そこで，子どもたちは目標を，友達の意見も取り入れて発言することにしました。

【Ｆ男の振り返りから】

今日の会議では，６年生を送る会の出し物を話し合いました。僕は，音楽の先生に「このクラスは歌の声がきれいだよ」と言われていたので，歌を贈りたいと思っていました。どう話せば，みんながわかってくれるのかを考えていました。そうしたら，Ｇちゃんが「６年生と一緒に歌えるから，歌を歌いたい」と意見を言ってくれました。それを聞いて「１番は僕たちで，２番から６年生と，３番は全員で歌える歌にしたらいい！」と意見が言えました。Ｇちゃんの意見で，自分の思っていたことより，もっといい意見を考えられたのでうれしいです。

この振り返りの中の「Ｇちゃんの意見で，自分の思っていたことより，もっといい意見を考えられたのでうれしいです」から，Ｆ男は目標の「友達の意見を活かして，自分の意見をつくる」を達成していると言えます。

次は，実際に活動をする時に目標を意識した振り返りの事例です。活動内容は「ゲーム大会をしよう」をタイトルに，生活班ごとにトランプや射撃，パチンコなどのゲームを担当し，グループごとに体験するものでした。

【活動の目標】友達と，もっと仲良くなる。

子どもたちが目標を決めた理由は，班で協力してゲームをしたり，ゲームをしてもらう側で楽しんでもらえるように取り組んだりすることが「友達と，もっと仲良くなる」につながると考えたからです。

【H子の感想から】

今日のゲーム大会も，とても面白かったです。～中略～そして，ゲームのルールがわからなかった時に，I子ちゃんとJちゃんが，よくわかるように一つ一つ教えてくれました。普段は，話したことがなかったけれど，何だか心がポカポカしました。I子ちゃんとJちゃんと仲良くなれた気がします。

この感想から，H子は目標を達成していると言えます。また「普段は，話したことがなかった」というところから，普段の教室での子どもの関係を知ることができました。教師の観察と併せて，子どもの実態把握ができます。

4 評価を今度の活動に活かす

「指導と評価の一体化」と言われて久しいです。教育評価には二つの機能があります。一つ目が「子どもの学習状況の確認」です。これは教科指導だけではなく，特別活動や学校行事など学校教育全般にわたってのものです。二つ目が「教師の指導」の評価です。教師の指導が正しければ，子どもたちは望ましい成長をしているはずです。もし望ましい結果が得られなければ，それの原因は教師の指導にあったのかもしれません。その場合は「目標は適切であったか」「子どもの見取りは正しかったのか」「指導は適切であったか」など，教師の指導を改善しなければならないのです。

そして，教育評価は「確認」と「調整」「価値付け」です。多くの場合は子どもの様子を確認だけして終わることが多くあります。自治的活動にも評価活動が伴います。活動が，うまくいく時には，その要因を次の活動にも活かします。これが「価値付け」です。反対に，うまくいかなかった場合は，その要因を改善する必要があります。これが「調整」になります。

クラスのゆるキャラを決めるクラス会議での実践を例に挙げて説明します。

この会議は，6月に開きました。会議の議題は「クラスのゆるキャラをつくろう」です。しかし，1回目の会議では全員の合意形成が得られませんでした。そこでキャラクターの性格付けにもなる「キャラクターのテーマ」を先に決めることにしました。このテーマを先に話し合うことでキャラのイメージの共有ができて，キャラクターもすぐに決定しました。

このことは次の表に当てはめることができます。まず「クラスのゆるキャラをつくろう」という議題があります。１回目の会議で合意形成ができていれば，「次の会議も，この調子で頑張ろう！」となります。しかし，１回で決まらなければ会議中の子どもの様子や感想などから，その原因を分析します。この会議では「キャラクターの外見にこだわりすぎていた」というものでした。そこで「キャラクターの性格，テーマ」に眼を向けさせることで合意形成がしやすいようにしむけました。その結果，２回目の会議で合意形成を図ることができたのです。

このように会議や子どもの様子を評価し，そこで見つけた「よさ」は次の活動にも活かします。反対に，明らかになった課題は克服できるように指導を入れるようにしましょう。（岡田　広示）

評価の流れ（全員で合意形成をする）

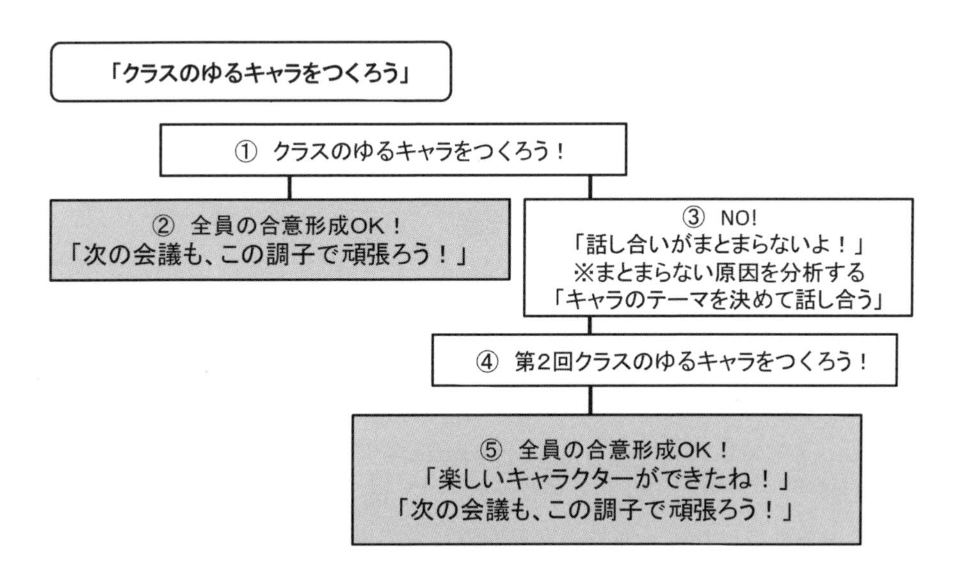

あとがき

本書をまとめながら耳にしたのは，衆議院の解散と総選挙でした。その結果はみなさんご存知の通り，低投票率と与党の圧勝です。与党の圧勝は民意ですから，なんら異論を唱えるものではありませんが，いつも低投票率のニュースを聞くたびに，少しがっかりします。主体的に投票に行かないことを選択しているのであれば，それも受け入れようと思いますが，それが無関心やあきらめから来ているのであれば，いかがなものかと言いたくなります。

私たち国民は民主主義社会の形成者と言われます。そう言われるとなんだか格好がよろしいですが，形成者としての役割を果たしているでしょうか。また，そのための準備をしてきたのでしょうか。

家庭教育ですか，学校教育ですか。家庭教育で，しっかりと民主主義を教えていると期待したいです。しかし家庭生活は民主的に行われることが難しい構造になっています。圧倒的に無力な赤ちゃんを，大人が教育することから始まるからです。家族の重要なことを話し合いで決めている家庭も少なくないとは言えませんが，多いとも言えないでしょう。重要な決定は，親がするという構造は親が相当に意識しないと変えられないでしょう。

こうやって考えると，学校は民主主義を教えるためには，かなり重要な役割を担っているはずです。しかし，どれくらいの教師，学校がこのことを意識しているでしょうか。公教育の目的を思い出してみてください。人格の完成とともに，民主的な国家の形成者を育てることは自明のことです。

しかし，大学で教える学生たちに聞くと，小中高等学校で，ほとんどの生活を改善するための話し合いも，その過程における合意形成も経験していません。彼らの口から出てくる話し合いのイメージは，「発言力の強い者が勝つ」「話し合いをすると仲が悪くなる」といったネガティブなものです。

では，なぜ話し合うのでしょう。「民主主義イコール話し合い」ではありませんが，「互いの対等性」が前提となっているからです。誰かが勝ち，誰かが負けるのではない，双方の意見や在り方の折り合いをつけるために，話し合うのです。つまり，話し合いというのは，互いを信頼し，尊敬するからこそ成り立つ営みなのです。そして，民主主義社会は，話し合いによって，生活がつくられていくのです。

本書で十分に触れられなかった自治的活動を学ぶことの意味があります。それは，「自分たちの生活を自らつくる」という体験は，「民主主義の訓練」の場であるということです。民主主義社会を営むということは，誰かに敷いてもらったレールの上を列車に乗せてもらって走るのではなく，自分たちで道を切り開いて歩んでいくようなものです。支配ー服従関係は，考えなくてもいいというメリットもありますが，不自由であるというデメリットを伴います。一方，対等性は，自由と引き替えにいろいろなことを考えなくてはいけません。日本の民主主義はやや特殊な形でもたらされた経緯はありますが，本来的に民主主義は，人々の選択の結果獲得された制度です。万能な制度ではありません。

選挙に伴う煩わしさは，私たちの自由と引き替えの対価なのです。もし，選挙を放棄するならば，自由も放棄することになります。それが民意だったら，それはそれで仕方ないのかもしれません。しかし，その一方で，民主主義社会への形成や参加の仕方の訓練不足により，そうなっているのだとしたら，それは看過できないことです。教育や子育てにかかわる者は一度，自分のやっていることを問うてみる必要があるかもしれません。民主主義国家の形成者を育てているかを。本書は，その問いに答えようとした志ある実践家たちの一つの回答です。

珠玉の実践を寄せてくれた13人のみなさんありがとうございました。また，この企画の仕掛け人である明治図書の及川誠さんには膨大な原稿の整理から，細かなレイアウトまで超人的な作業をこなしていただきました。心より感謝申し上げます。

赤坂　真二

【執筆者一覧】（掲載順）

赤坂　真二	上越教育大学教授
近藤　佳織	新潟県魚沼市立広神西小学校
宇野　弘恵	北海道旭川市立愛宕東小学校
松下　　崇	神奈川県横浜市立川井小学校
久下　　亘	群馬県みなかみ町立藤原小学校
堀内　拓志	三重県四日市市立笹川西小学校
畠山　明大	新潟県加茂市立石川小学校
南　　惠介	岡山県赤磐市立軽部小学校
大島　崇行	上越教育大学教職大学院
髙橋　淳一	新潟県立直江津中等教育学校
海見　　純	富山県滑川市立早月中学校
土屋　雅朗	新潟県佐渡市立畑野小学校
柴﨑　　明	神奈川県私立高等学校
岡田　広示	兵庫県佐用市立佐用小学校

【編著者紹介】

赤坂　真二（あかさか　しんじ）

1965年新潟県生まれ。上越教育大学教職大学院教授。学校心理士。19年間の小学校勤務では，アドラー心理学的アプローチの学級経営に取り組み，子どものやる気と自信を高める学級づくりについて実証的な研究を進めてきた。2008年４月から，より多くの子どもたちがやる気と元気を持てるようにと，情熱と意欲あふれる教員を育てるため現所属となる。

【著　書】

『担任がしなければならない学級づくりの仕事12か月　小学校高学年』（明治図書，2010）

『スペシャリスト直伝！　学級づくり成功の極意』（明治図書，2011）

『スペシャリスト直伝！　学級を最高のチームにする極意』（明治図書，2013）

『THE　協同学習』（明治図書，2014）

『THE　チームビルディング』（明治図書，2014）

『一人残らず笑顔にする学級開き　小学校～中学校の完全シナリオ』（明治図書，2015）

『最高のチームを育てる学級目標　作成マニュアル＆活用アイデア』（明治図書，2015）

他多数

学級を最高のチームにする極意シリーズ

自ら向上する子どもを育てる学級づくり
成功する自治的集団へのアプローチ

2015年３月初版第１刷刊　©編著者　赤　坂　真　二
2015年11月初版第２刷刊　発行者　藤　原　久　雄
発行所　明治図書出版株式会社
http://www.meijitosho.co.jp
（企画）及川　誠（校正）関沼幸枝
〒114-0023　東京都北区滝野川7-46-1
振替00160-5-151318　電話03（5907）6704
ご注文窓口　電話03（5907）6668

＊検印省略　組版所　長野印刷商工株式会社

Printed in Japan　ISBN978-4-18-185111-8